WIR FAHREN NACH

BERLIN

EM 2024

Plummer Publishing

Tracy Hauenschild e.U.
Markt 54, 5570 Mauterndorf, Austria

Autor: Ben Perner
Design & Creation: Ben Perner
Lektorat: Peter Griesner

www.plummer-publishing.com

Auf geht's Burschen!

INHALT

Berlin, Berlin, wir fahren nach Berlin!

Die Bühne ist bereit für ein Fest der Leidenschaft und Einheit, wo der Fußball seine Magie entfaltet und Fans europaweit in atemloser Vorfreude zusammenkommen, um jedes Dribbling, jeden Pass und jedes Tor zu feiern.

10

Let op!
Nu komen we hier!

Mit dem ersten Pfiff erhebt sich der Vorhang: Lasst das große Spiel beginnen, das unsere Herzen schneller schlagen lässt und uns in einem Chor der Begeisterung vereint!

Andiamo ragazzi!
Difenderemo il nostro titolo!

DIE GRUPPEN

Wo Träume fliegen lernen und Favoriten manchmal straucheln – das große Fußballschach beginnt!

Gruppe A

- Deutschland
- Schottland
- Ungarn
- Schweiz

Gruppe B

- Spanien
- Kroatien
- Italien
- Albanien

Gruppe C

- Slowenien
- Dänemark
- Serbien
- England

Gruppe D

- Polen
- Niederlande
- **Österreich**
- Frankreich

Gruppe E

- Belgien
- Slowakei
- Rumänien
- Ukraine

Gruppe F

- Türkei
- Georgien
- Portugal
- Tschechien

DEUTSCHLAND

GRUPPE A

„Deutschlands Fußballküche: Ein Rezept für Erfolg mit Präzision, Ausdauer und einer Prise Unvorhersehbarkeit.“

Deutschland	-	Schottland	Fr. 14. Juni	21:00 Uhr
Deutschland	-	Ungarn	Mi. 19. Juni	18:00 Uhr
Schweiz	-	Deutschland	So. 23. Juni	21:00 Uhr

9
12

3

EM Titel
(1972, 1980, 1996)

Deutschland hat die Weltmeisterschaft viermal gewonnen, was sie zu einer der erfolgreichsten Nationalmannschaften der Welt macht. Zusätzlich zu den Weltmeisterschaftstiteln hat Deutschland die Europameisterschaft dreimal gewonnen.

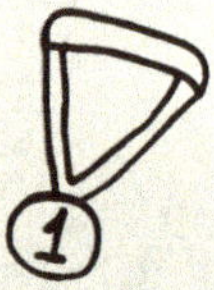

Fun

4

WM Titel
(1954, 1974, 1990, 2014)

150

Lothar Matthäus hat mit 150 Länderspielen die meisten Einsätze für die deutsche Nationalmannschaft.

17

Jüngster Spieler: Uwe Seeler war 17 Jahre und 341 Tage alt, als er sein Debüt für die Nationalmannschaft gab, was ihn zum jüngsten Spieler in der Geschichte der deutschen Nationalmannschaft macht.

2.

Die ewigen Zweiten: Deutschland hat auch den ungewollten Rekord, siebenmal in großen internationalen Finals (Weltmeisterschaften und Europameisterschaften zusammengenommen) als Zweiter geendet zu haben. Dies unterstreicht ihre Konstanz, das Endspiel zu erreichen, auch wenn sie nicht immer als Sieger vom Platz gehen.

Facts

Bierhoff's goldenes Tor: Oliver Bierhoff schoss das erste Golden Goal in der Geschichte der Europameisterschaften 1996 gegen die Tschechische Republik. Der Moment, als er sich nach dem Tor sein eigenes Trikot über den Kopf zog, wurde zu einem ikonischen Bild des deutschen Fußballs.

71

Miroslav Klose hält den Rekord als allzeit führender Torschütze der deutschen Nationalmannschaft mit 71 Toren. Interessant ist, dass er auch der führende Torschütze in der Geschichte der Fußball-Weltmeisterschaften ist, mit insgesamt 16 Toren.

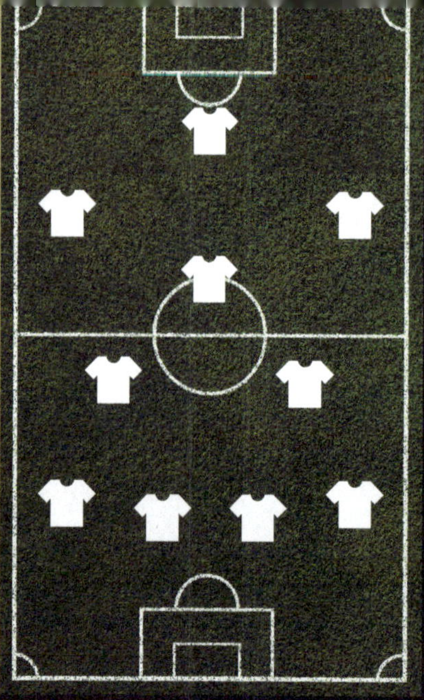

Stärken:

Technisch versiertes Mittelfeld: Deutschlands Mittelfeld ist das Herz des Teams, ausgestattet mit Spielern, die sowohl offensiv denken als auch defensiv solide arbeiten können. **Angriffsvielfalt:** Der Angriff zeichnet sich durch eine Mischung aus erfahrenen Spielern und aufstrebenden Talenten aus, die für ihre Vielseitigkeit und Torgefahr bekannt sind. **Taktische Flexibilität:** Die Mannschaft kann verschiedene Spielsysteme adaptieren, was es Gegnern schwer macht, sich auf ein bestimmtes Spiel vorzubereiten. **Erfahrung auf großer Bühne:** Viele Spieler verfügen über Erfahrung in führenden europäischen Ligen und bei großen Turnieren, was in Drucksituationen von Vorteil ist.

Spielstil:

Die deutsche Nationalmannschaft bevorzugt eine flexible Aufstellungstaktik, die oft zwischen einem 4-2-3-1 und einem 4-3-3 System wechselt, um ihre Stärken im Mittelfeld und im Angriff optimal zu nutzen. Diese Formationen erlauben es, das Spiel aus dem zentralen Mittelfeld heraus zu kontrollieren, während gleichzeitig genügend Spieler für die Verteidigung und den Angriff bereitstehen. Die Taktik zielt darauf ab, den Ballbesitz zu dominieren, das Spiel breit zu machen und über die Flügel zu attackieren, wobei die offensiven Mittelfeldspieler und Flügelspieler entscheidend für die Schaffung von Chancen sind.

Schwächen:

Inkonstanz in der Abwehr: Obwohl gut organisiert, hat die Abwehr in der Vergangenheit Anfälligkeiten gezeigt, besonders gegen schnelle und agile Angriffe. **Abhängigkeit von Schlüsselspielern:** Das Team kann manchmal zu sehr von der Form und Fitness einzelner Schlüsselspieler abhängen, was zu Problemen führt, wenn diese nicht verfügbar sind. **Konvertierung von Chancen:** Trotz der Schaffung zahlreicher Gelegenheiten mangelt es gelegentlich an der Effizienz im Abschluss, was in kritischen Spielmomenten zum Stolperstein werden kann.

Deutsche Präzision trifft auf Abenteuerlust: Ein Fußballriese auf der Suche nach der perfekten Balance

5,6

GESAMT

ANGRIFF

5,5

Deutschland verfügt traditionell über einen starken und vielseitigen Angriff mit Spielern, die sowohl in der Bundesliga als auch in internationalen Ligen zu den Top-Torschützen gehören. Ihre Fähigkeit, aus verschiedenen Positionen Gefahr zu erzeugen, macht sie besonders bedrohlich.

MITTELFELD

6

Das Mittelfeld ist oft das Herzstück des deutschen Spiels, gekennzeichnet durch technische Fähigkeiten, taktische Intelligenz und eine herausragende Arbeitsrate. Die Spieler in diesem Bereich können das Spiel kontrollieren, den Angriff vorantreiben und die Abwehr unterstützen.

ABWEHR

5,5

Obwohl die deutsche Abwehr gut organisiert ist und über erfahrene Spieler verfügt, hat sie in der jüngeren Vergangenheit Schwächen gezeigt, besonders gegen agile und schnelle Angreifer. Es gab Momente der Unsicherheit, die unerwartete Gegentore zur Folge hatten.

Deutschlands Kicker: Zwischen Mittelfeld-Zauber und Angriffslust mit einem Hauch von Abwehrabenteuer

Die deutsche Fußballnationalmannschaft besticht mit einem herausragenden Mittelfeld, das als Kernstück ihrer Stärke gilt, einem dynamischen und vielseitigen Angriff, der konstante Bedrohungen für Gegner darstellt, und einer Abwehr, die trotz gelegentlicher Schwächen durch gute Organisation besticht. Insgesamt bildet das Team eine konkurrenzfähige Einheit, die auf hohem Niveau agiert und die Fähigkeit besitzt, gegen die besten Mannschaften der Welt zu bestehen. Die Herausforderung liegt darin, die Konsistenz in der Defensive zu verbessern, um das solide Fundament des Mittelfelds und die Kreativität des Angriffs voll auszuschöpfen.

18

SCHOTTLAND

GRUPPE A

„Es geht darum, zusammenzuarbeiten, als Team zu kämpfen und nie aufzugeben, egal wie hart die Herausforderung ist.“

Deutschland	-	Schottland	Fr. 14. Juni	21:00 Uhr
Schottland	-	Schweiz	Mi. 19. Juni	21:00 Uhr
Schottland	-	Ungarn	So. 23. Juni	21:00 Uhr

1872

Schottland spielte 1872 gegen England in Glasgow im ersten offiziellen Länderspiel der Fußballgeschichte. Das Spiel endete mit einem 0:0-Unentschieden.

Die Tartan Army: Die schottischen Fans, liebevoll bekannt als die „Tartan Army", sind berühmt für ihre leidenschaftliche Unterstützung, ihren guten Humor und ihr faires Verhalten bei internationalen Spielen. Sie haben mehrmals Auszeichnungen für ihr vorbildliches Verhalten erhalten.

Fun

Die schottische Fußballpyramide: Im Gegensatz zu vielen anderen Ländern hat der schottische Fußball eine einzigartige Struktur mit einer Vielzahl von Ligen und Cups, einschließlich des weltweit ältesten nationalen Fußballpokalwettbewerbs, des Scottish Cup, der seit 1873 ausgetragen wird.

3

Die schottische Mannschaft hat bis vor der EM 2024 an drei Europameisterschaften teilgenommen – 1992, 1996 und zuletzt 2020, wobei die Teilnahme 2020 die erste Qualifikation für das Turnier seit 1996 markierte.

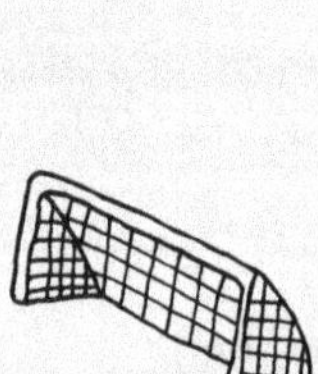

Erstes Flutlichtspiel: Schottland war Schauplatz eines der ersten internationalen Spiele unter Flutlicht, als Third Lanark 1953 gegen Hibernian spielte, ein Meilenstein in der Geschichte des Nachtspiels.

Spitzname

„BRAVEHEARTS"

Facts

30

Rekordtorschütze: Denis Law und Kenny Dalglish teilen sich den Titel des besten Torschützen der schottischen Nationalmannschaft, beide mit 30 Toren.

Rekordspieler: Kenny Dalglish hält gemeinsam mit Jim Leighton den Rekord für die meisten Länderspiele für Schottland - beide haben 102 Einsätze.

102

Stärken:

Physis und Einsatz: Die schottische Mannschaft ist bekannt für ihre robuste Spielweise und ihren nie nachlassenden Einsatz auf dem Feld. **Mittelfeldbalance:** Eine Mischung aus kreativen und kämpferischen Mittelfeldspielern ermöglicht es Schottland, in der Mitte des Spielfelds zu konkurrieren und sowohl offensiv als auch defensiv Einfluss zu nehmen. **Standardsituationen:** Effektivität bei Freistößen und Ecken ist eine klare Stärke, mit der Fähigkeit, in Schlüsselmomenten Tore zu erzielen.

Spielstil:

Die schottische Nationalmannschaft zeichnet sich durch ihren kampfbetonten und leidenschaftlichen Fußball aus. Ihr Spielstil basiert traditionell auf physischer Stärke, taktischer Disziplin und der Nutzung von Standardsituationen als wichtige Waffe. Das Team bevorzugt oft ein direktes Spiel, kombiniert mit schnellen Flügelangriffen und der Fähigkeit, das Spieltempo bei Bedarf zu kontrollieren. In jüngerer Zeit hat die Mannschaft versucht, mehr Ballbesitz zu erlangen und das Spiel von hinten aufzubauen, was eine evolutionäre Anpassung ihres Ansatzes zeigt.

Schwächen:

Angriffseffizienz: Trotz vorhandener Talente im Angriff fehlt es an Konstanz im Abschluss, besonders gegen Teams, die defensiv gut organisiert sind. **Verteidigungsanfälligkeiten:** Die Abwehr kann gegen schnelle und technisch versierte Gegner anfällig sein, insbesondere bei Spielen, in denen das Tempo hoch ist. **Spielkontrolle:** Während Schottland in der Lage ist, das Spieltempo phasenweise zu kontrollieren, fehlt es gelegentlich an der Fähigkeit, Spiele gegen gleichwertige oder überlegene Teams zu dominieren. **Adaptionsfähigkeit:** Die Fähigkeit, den Spielstil effektiv anzupassen, wenn Plan A nicht funktioniert, ist ein Bereich, der weiterentwickelt werden könnte.

Schottlands Fußballkreuzzug: Zwischen traditioneller Kampfkraft und der Suche nach dem modernen Spielrhythmus

ANGRIFF

Schottlands Angriff hat seine Momente, in denen er durch Kreativität und Entschlossenheit glänzt, jedoch mangelt es ihm an der Beständigkeit und Effizienz vor dem Tor, die für höhere Bewertungen erforderlich sind.

MITTELFELD

Das Mittelfeld ist eine der Stärken der schottischen Mannschaft, gekennzeichnet durch Kampfgeist und die Fähigkeit, sowohl in der Defensive als auch im Spielaufbau zu unterstützen. Spieler in diesem Bereich können das Spiel beeinflussen und für die nötige Verbindung zwischen Verteidigung und Angriff sorgen.

ABWEHR

Die schottische Defensive ist robust und leidenschaftlich, zeigt jedoch gelegentlich Anfälligkeiten gegen schnelle und technisch versierte Angreifer. Durch gute Organisation und Einsatz könnten Konsistenz und Fehleranfälligkeit verbessert werden.

Schottlands tapfere Herzen: Mittelfeldglanz trifft auf Entwicklungsraum in Angriff und Verteidigung

Die schottische Mannschaft präsentiert sich als ein Team mit klar erkennbaren Stärken, insbesondere im Mittelfeld, wo Kampfgeist und taktische Flexibilität dominieren. Während das Mittelfeld als tragende Säule fungiert, die das Team in schwierigen Momenten zusammenhält, bietet der Angriff trotz vorhandener Talente Raum für eine gesteigerte Effizienz. Die Verteidigung, obwohl leidenschaftlich und engagiert, könnte von einer erhöhten Konsistenz profitieren. Insgesamt zeichnet sich die Mannschaft durch ihren Einsatz und ihre Entschlossenheit aus, wobei Verbesserungen in Angriff und Verteidigung das Potenzial haben, sie zu einer noch formidableren Kraft im internationalen Fußball zu machen.

8
10

UNGARN

GRUPPE A

„Die ungarische Nationalmannschaft erinnert uns daran, dass im Fußball Herz und Leidenschaft genauso zählen wie Talent und Taktik."

Ungarn	-	Schweiz	Sa. 15. Juni	15:00 Uhr
Deutschland	-	Ungarn	Mi. 19. Juni	18:00 Uhr
Schottland	-	Ungarn	So. 23. Juni	21:00 Uhr

3

Olympische Champions: Ungarn gewann dreimal die Goldmedaille im Fußball bei den Olympischen Spielen (1952, 1964, 1968), was ihre Stärke in dieser Ära unterstreicht.

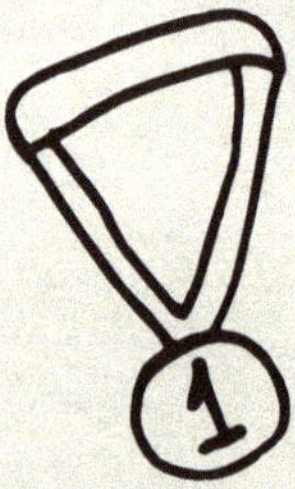

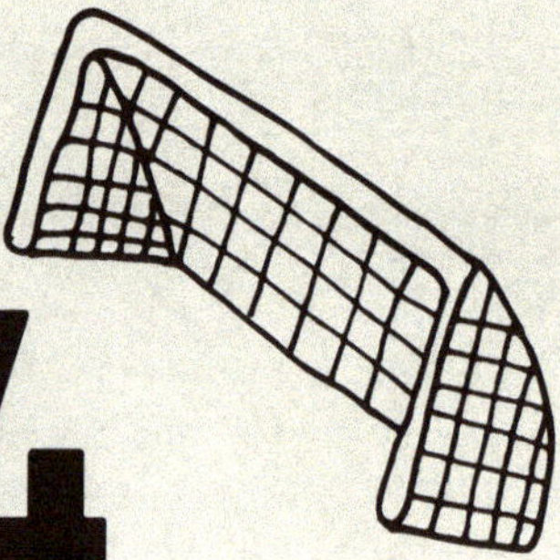

84

Fun

Ferenc Puskás: Einer der berühmtesten Fußballer aller Zeiten, Ferenc Puskás, war ungarischer Nationalspieler. Puskás erzielte in 85 Länderspielen für Ungarn 84 Tore und ist damit einer der effizientesten Torschützen in der Geschichte des internationalen Fußballs.

1950er

Goldene Ära: In den 1950er Jahren war die ungarische Nationalmannschaft, bekannt als das „Magische Magyaren"-Team, eine der dominantesten Mannschaften der Welt. Sie blieb zwischen 1950 und 1956 in 31 aufeinanderfolgenden Spielen ungeschlagen.

5:0

Erstes offizielles Länderspiel: Ungarn spielte sein erstes offizielles internationales Spiel im Jahr 1902 gegen Österreich, ein Match, das mit einem 5:0-Sieg endete.

Spitzname

„MAGYAROK"
(DIE MAGYAREN)

Facts

Revolutionäre Taktiken: Das ungarische Team der 1950er Jahre war revolutionär in seiner taktischen Ausrichtung und führte das Konzept des „Totalen Fußballs" ein, lange bevor es in den Niederlanden populär wurde.

Wunder von Bern: Ungarns berühmteste Niederlage kam im Finale der FIFA-Weltmeisterschaft 1954, als sie trotz Favoritenrolle und einer frühen 2:0-Führung gegen Deutschland mit 2:3 verloren. Dieses Spiel ist als das „Wunder von Bern" bekannt.

2:3

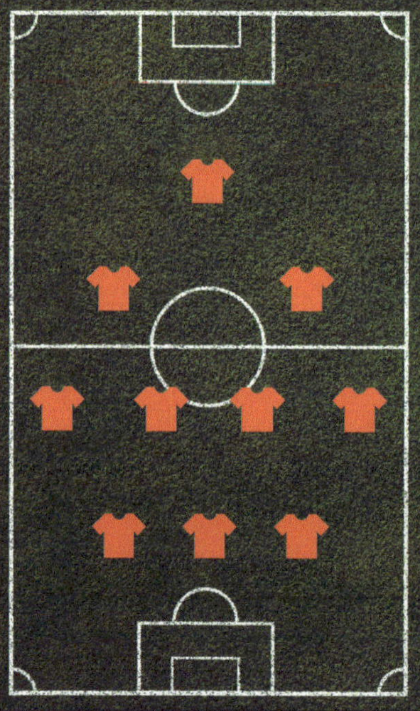

Spielstil:

Die ungarische Nationalmannschaft kombiniert traditionelle europäische Fußballtugenden mit modernen Elementen. Ihr Spiel zeichnet sich durch einen organisierten Defensivansatz und das Streben nach Ballbesitz aus, gepaart mit der Fähigkeit zu schnellen Umschaltbewegungen. Ungarn setzt auf körperliche Robustheit und taktische Disziplin, nutzt aber auch die Kreativität im Mittelfeld, um Angriffe aufzubauen. Die Mannschaft bevorzugt es, aus einer festen defensiven Formation heraus zu agieren und über die Flügel Druck auszuüben, wobei sie sich auf die Geschicklichkeit ihrer Mittelfeldspieler und die Präzision ihrer Flanken und Pässe verlässt.

Stärken:

Kompaktes Mittelfeld: Das Mittelfeld ist das Herzstück des Teams, das sowohl defensiv als auch offensiv starke Leistungen zeigt und den Spielrhythmus bestimmt. **Taktische Flexibilität:** Ungarn ist taktisch anpassungsfähig und kann je nach Gegner und Spielsituation unterschiedliche Formationen und Strategien anwenden. **Teamgeist:** Ein ausgeprägter Teamgeist und Kampfgeist helfen der Mannschaft, auch gegen stärkere Gegner zu bestehen und sich in schwierigen Momenten zu behaupten.

Schwächen:

Offensive Effizienz: Trotz der Schaffung von Chancen mangelt es an Effizienz im Abschluss, was gegen hochklassige Teams zum Verhängnis werden kann. **Defensive Anfälligkeiten:** Die Abwehr zeigt Schwächen, besonders gegen schnelle und wendige Angreifer, was zu Problemen in der Hintermannschaft führen kann. **Konsistenz:** Die Mannschaft kämpft mit Konsistenzproblemen, sowohl in Bezug auf die Leistung einzelner Spieler als auch in der Umsetzung des Spielplans über volle 90 Minuten.

Ungarns mutige Krieger: Zwischen taktischer Anpassungsfähigkeit und der Suche nach Konstanz

ANGRIFF

Der ungarische Angriff zeigt Potenzial durch einige talentierte Spieler, die ihre Fähigkeiten sowohl in nationalen als auch internationalen Ligen unter Beweis gestellt haben. Es fehlt jedoch manchmal an der nötigen Konstanz und Durchschlagskraft gegen die stärksten Verteidigungen.

MITTELFELD

Das Mittelfeld ist traditionell eine Stärke Ungarns, mit Spielern, die sowohl in der Verteidigung als auch in der Schaffung von Angriffschancen effektiv sind. Ihre Fähigkeit, das Spiel zu kontrollieren und Schlüsselpässe zu liefern, macht sie zu einem wertvollen Bestandteil des Teams.

ABWEHR

Die Abwehr der ungarischen Mannschaft ist robust und zeigt Engagement, hat jedoch gegen technisch versierte und schnelle Angreifer Schwächen gezeigt. Eine verbesserte Koordination und Schnelligkeit könnten ihre Effektivität steigern.

Ungarns Aufstrebende Helden: Mittelfeldmagie trifft auf Entwicklungschancen in Angriff und Verteidigung

Die ungarische Fußballnationalmannschaft zeigt eine vielversprechende Mischung aus Engagement und Talent, mit einem besonders starken Mittelfeld, das als Dreh- und Angelpunkt für das Team agiert. Während das Mittelfeld durch seine Spielgestaltung und seine Fähigkeit, sowohl defensiv als auch offensiv zu wirken, hervorsticht, suchen Angriff und Verteidigung noch nach der nötigen Konstanz, um auf höchstem internationalen Niveau konkurrieren zu können. Die Mannschaft besitzt das Potenzial, sich weiterzuentwickeln und ihre Schwächen auszugleichen, wobei eine stärkere Abstimmung und Effizienz in allen Bereichen sie zu einem noch gefährlicheren Gegner machen könnte.

SCHWEIZ

GRUPPE A

„Schweizer Präzisionsfußball: Zwischen Effizienz und Eleganz auf dem Weg zu neuen Höhen."

Ungarn	-	Schweiz	Sa. 15. Juni	15:00 Uhr
Schottland	-	Schweiz	Mi. 19. Juni	21:00 Uhr
Schweiz	-	Deutschland	So. 23. Juni	21:00 Uhr

1

4.

Starke FIFA-Weltranglistenplatzierung: Die Schweiz erreichte im August 2016 mit dem 4. Platz ihre höchste Position in der FIFA-Weltrangliste, was ihre gestiegene Wettbewerbsfähigkeit auf der internationalen Bühne widerspiegelt.

Fun

Legendäre Spieler: Zu den bekanntesten Schweizer Spielern gehören Stéphane Chapuisat, Alexander Frei, Heinz Hermann, und mehr kürzlich, Xherdan Shaqiri und Granit Xhaka.

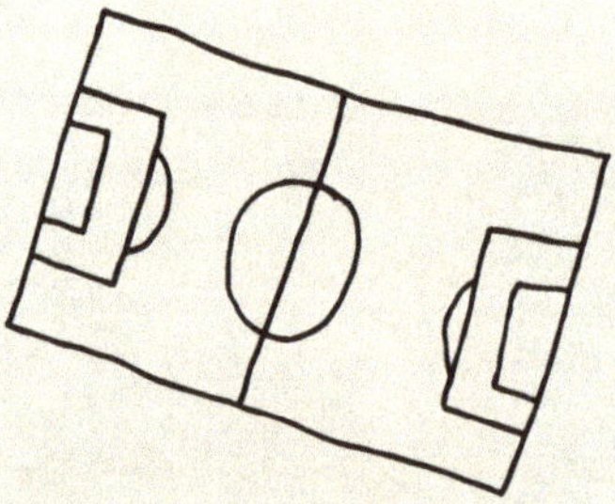

42

Top-Torschütze: Alexander Frei ist mit 42 Toren der führende Torschütze in der Geschichte der Schweizer Nationalmannschaft.

121 Granit Xhaka hält den Rekord für die meisten Einsätze in der Schweizer Nationalmannschaft mit aktuell 121 Länderspielen.

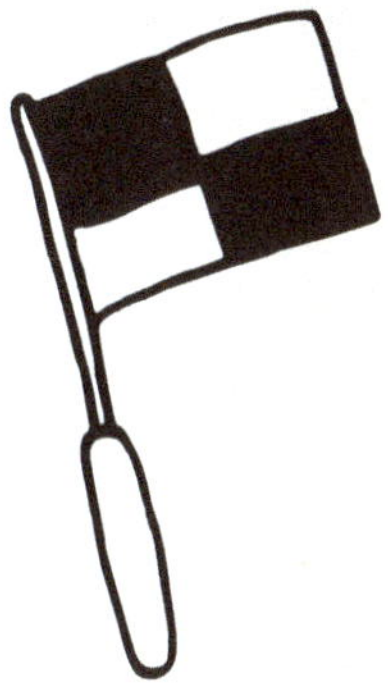

Spitzname

„DIE NATI"

Facts

Die beste Leistung der Schweiz bei einer Europameisterschaft war das Erreichen des Achtelfinales, was sie 2016 in Frankreich und erneut 2020 (das Turnier fand aufgrund der COVID-19-Pandemie im Jahr 2021 statt) erreichten.

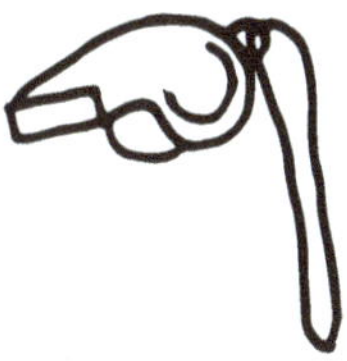

Erstes offizielles Länderspiel: Das erste offizielle Länderspiel der Schweiz fand am 12. Februar 1905 gegen Frankreich statt, ein Match, das die Schweizer mit 1:0 gewannen. **1905**

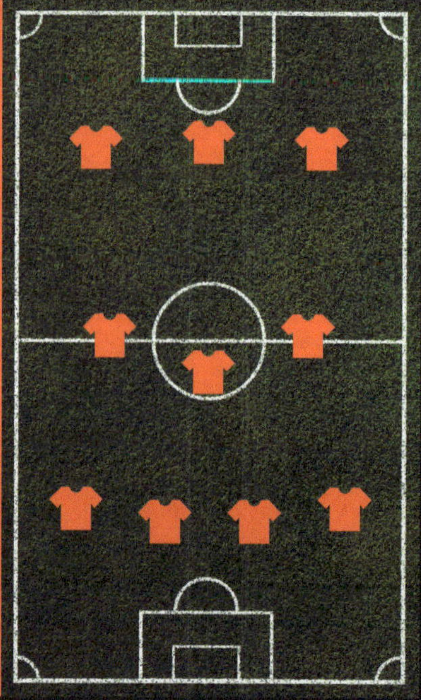

Stärken:

Vielseitiges Mittelfeld: Das Herzstück des Teams, das sowohl in der Defensive als auch bei der Schaffung von Chancen glänzt und das Spieltempo effektiv steuert. **Teamdisziplin:** Eine hohe taktische Disziplin und Organisation über das gesamte Spielfeld hinweg, die es dem Team ermöglicht, auch gegen stärkere Mannschaften zu bestehen. **Standardsituationen:** Eine gefährliche Präsenz bei Eckbällen und Freistößen, sowohl in der Offensive als auch in der Defensive. **Defensive Solidität:** Eine gut organisierte Verteidigung, die durch starke Torhüterleistungen ergänzt wird.

Spielstil:

Die Schweizer Nationalmannschaft zeichnet sich durch einen disziplinierten und strategisch vielseitigen Spielstil aus. Sie legt Wert auf eine starke Organisation über das gesamte Spielfeld, mit einem besonderen Fokus auf das Mittelfeld, wo das Zusammenspiel zwischen Verteidigung und Angriff orchestriert wird. Der Spielstil kombiniert physische Robustheit mit technischer Finesse, wobei das Team sowohl schnelle Konter als auch geduldigen Ballbesitzfußball nutzen kann, um Gegner unter Druck zu setzen. Die Schweiz ist zudem bekannt für ihre Effektivität bei Standardsituationen.

Schwächen:

Torgefahr: Trotz eines dynamischen Angriffs kann es der Mannschaft an Durchschlagskraft und Effizienz im Abschluss fehlen, besonders in Schlüsselspielen. **Konstanz:** Die Mannschaft zeigt manchmal Schwierigkeiten, in aufeinanderfolgenden Spielen gegen unterschiedlich starke Gegner konstante Leistungen zu erbringen. **Kreativität im Angriff:** Während das Mittelfeld stark in der Ballkontrolle und -verteilung ist, mangelt es gelegentlich an der letzten kreativen Idee, um dichte Verteidigungen zu durchbrechen.

Schweizer Uhrwerk auf dem Spielfeld: Zwischen taktischer Raffinesse und der Suche nach dem perfekten Gleichgewicht

ANGRIFF

MITTELFELD

ABWEHR

Die Schweiz verfügt über einen kompetenten Angriff, der durch gute Technik und Vielseitigkeit gekennzeichnet ist. Ihre Stürmer sind für ihre Fähigkeit bekannt, Chancen zu kreieren und zu nutzen, obwohl es ihnen manchmal an der Konsistenz gegen die topdefensiven Mannschaften fehlt.

Das Mittelfeld ist eine der Stärken der Schweizer Nationalmannschaft, mit einer guten Mischung aus erfahrenen Spielern und jungen Talenten, die sowohl defensiv als auch offensiv beeindrucken können. Sie sind technisch versiert, taktisch diszipliniert und in der Lage, das Spieltempo zu kontrollieren.

Die Defensive der Schweiz ist generell solide und gut organisiert, unterstützt von einigen herausragenden Einzelspielern in der Verteidigung und im Tor. Sie zeigen eine starke Leistung in der Abwehrarbeit, auch wenn sie gelegentlich gegen sehr agile und schnelle Angriffslinien unter Druck geraten können.

Schweizer Präzision auf dem Grün: Eine ausgewogene Mischung aus Mittelfeldkunst, Angriffsdynamik und fester Defensive

Die Schweizer Nationalmannschaft präsentiert sich als robuste und ausgewogene Mannschaft, die in allen Bereichen des Spiels kompetent agiert. Besonders das Mittelfeld sticht mit seiner Mischung aus Erfahrung und jugendlichem Elan hervor, was der Schweiz ermöglicht, Spiele zu kontrollieren und sowohl offensiv als auch defensiv zu glänzen. Während der Angriff und die Verteidigung als solide gelten und durchwegs starke Leistungen zeigen, sind es das kreative Mittelfeld und die taktische Disziplin, die die Schweiz zu einem gefährlichen Gegner auf der internationalen Bühne machen. Insgesamt ist die Mannschaft gut positioniert, um ihre Erfolge weiter auszubauen und sich in zukünftigen Wettbewerben als noch stärkere Kraft zu etablieren.

SPANIEN

GRUPPE B

„Ich möchte, dass meine Mannschaften attraktiven Fußball spielen, mit hohem Pressing und viel Ballbesitz."

- Luis de la Fuente

Spanien	–	Kroatien	Sa. 15. Juni	18:00 Uhr
Spanien	–	Italien	Do. 20. Juni	21:00 Uhr
Albanien	–	Spanien	Mo. 24. Juni	21:00 Uhr

3

EM Titel
(1964, 2008 und 2012)

Dreifachsieger: Spanien ist das einzige Land, das es geschafft hat, drei große internationale Turniere in Folge zu gewinnen – die Europameisterschaft 2008, die Weltmeisterschaft 2010 und erneut die Europameisterschaft 2012. Diese unvergleichliche Erfolgsserie unterstrich ihre Ära der Dominanz im Weltfußball.

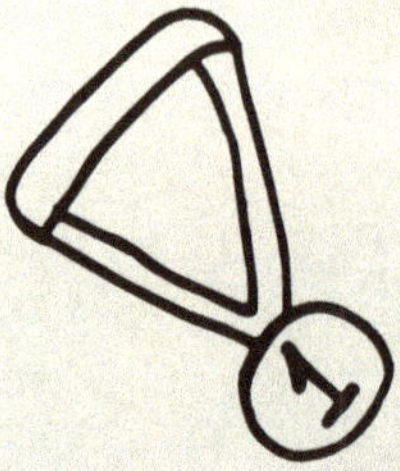

Fun

Höchste Siegquote als Trainer: 71% (Luis Enrique)
Meiste Tore in einem Spiel: 13:0 gegen Malta (1933)
Höchste Niederlage: 1:6 gegen England (1957)
Länderspielrekord: 167 Spiele (Iker Casillas)
Torrekord: 59 Tore (David Villa)

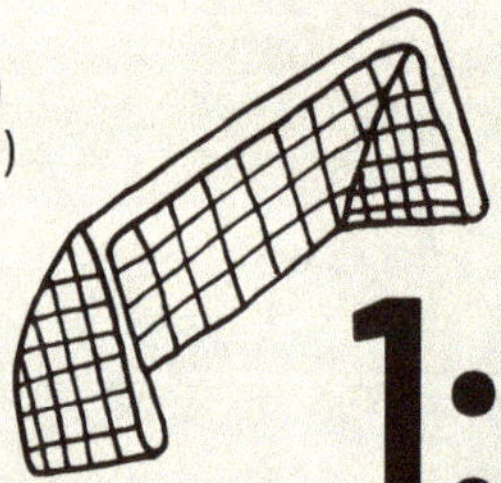

67%

Spanien hat die höchste Siegquote aller europäischen Nationalmannschaften

1:5

Der ungewollte Rekord: Spanien besitzt den zweifelhaften Ruhm, die höchste Niederlage eines amtierenden Weltmeisters erlitten zu haben. Bei der Weltmeisterschaft 2014 in Brasilien wurden sie von den Niederlanden mit 1:5 demontiert. Ein Spiel, das spanische Fans wohl am liebsten in der Kategorie „War nur ein schlechter Traum" ablegen würden.

2X

Spanien ist die einzige Mannschaft, die die EM zweimal hintereinander gewonnen hat (2008 und 2012).

Spitzname

„LA FURIA ROJA"
(DIE ROTE FURIE)

Facts

23

Sergio Ramos hat mehr Tore für Spanien erzielt (23) als jeder andere Verteidiger in der Geschichte der Nationalmannschaft.

800

Pass-Meister: Beim Endspiel der UEFA Europameisterschaft 2012 gegen Italien stellte Spanien mit über 800 erfolgreichen Pässen einen Rekord auf. Ein beeindruckender Beweis für ihren Spielstil, der den Gegner oft mehr dem Ball hinterherjagen lässt als eine Oma ihre entflohenen Katzen.

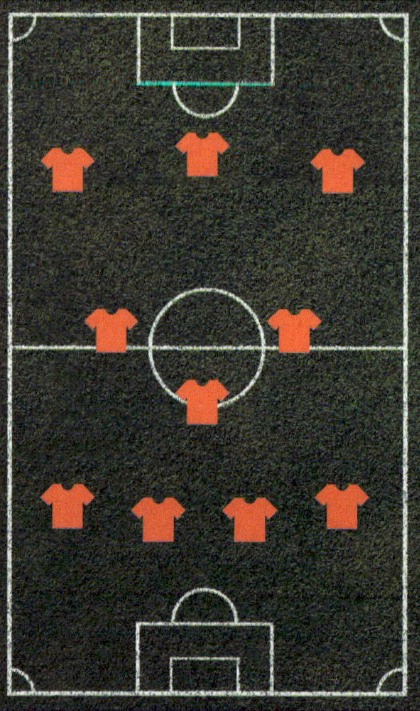

Stärken:

Technische Fähigkeiten: Spieler besitzen exzellente Ballkontrolle und Passgenauigkeit. **Mittelfeldkontrolle:** Starkes, kreatives Mittelfeld, das den Rhythmus des Spiels bestimmen kann. **Adaptabilität:** Fähigkeit, Spielstile anzupassen und auf verschiedene Gegner zu reagieren. **Jugend und Erfahrung:** Gute Mischung aus jungen Talenten und erfahrenen Spielern. **Defensive Stabilität:** Solide Abwehr, unterstützt durch das Mittelfeld, reduziert die Anzahl gegnerischer Chancen.

Spielstil:

Fokus auf Ballbesitz und Kontrolle über das Spiel. Schnelles, präzises Passspiel, oft mit kurzen Pässen. Meist ein 4-3-3, das in der Defensive zu einem 4-5-1 werden kann. Betonung der Teamarbeit und des kollektiven Spiels. Aggressive Pressingstrategie, um den Ball schnell zurückzugewinnen.

Schwächen:

Abschlussprobleme: Manchmal fehlt es an Effizienz im Abschluss, trotz vieler Chancen. **Physische Präsenz:** Im Vergleich zu körperlich stärkeren Teams könnte die physische Präsenz in Duellen ein Nachteil sein. **Anfälligkeit bei Standards:** Gelegentliche Schwächen bei der Verteidigung von Standardsituationen. **Konteranfälligkeit:** Hohe Ballbesitzphasen können das Team anfällig für schnelle Gegenangriffe machen.

Spaniens Glanz: Präzision, Leidenschaft und Eleganz auf dem grünen Rasen

ANGRIFF

Die spanische Nationalmannschaft ist bekannt für ihren kreativen und technisch versierten Angriff, der aus schnellen, präzisen Pässen und einer hervorragenden Ballkontrolle besteht. Sie haben traditionell Spieler, die sowohl in der Lage sind, Tore zu erzielen, als auch Chancen für ihre Teamkollegen zu kreieren.

MITTELFELD

Das Mittelfeld wird oft als das Herzstück des spanischen Spiels angesehen, mit einem Schwerpunkt auf Ballbesitz und Tiki-Taka-Fußball. Spanien hat in der Vergangenheit gezeigt, dass es über eines der besten Mittelfelder im internationalen Fußball verfügt, mit Spielern, die das Spiel lesen, dominieren und den Rhythmus bestimmen können.

ABWEHR

Während die Verteidigung vielleicht nicht immer so spektakulär ist wie der Angriff oder das Mittelfeld, hat Spanien doch konsequent solide Verteidiger hervorgebracht, die sowohl in der Abwehr als auch im Spielaufbau stark sind. Die Mannschaft hat bewiesen, dass sie schwierige Gegner ausschalten und gleichzeitig den Übergang zum Angriff unterstützen kann.

Eine meisterliche Mischung aus Technik, Strategie und unvergleichlichem Talent.

Die Mannschaft hat über die Jahre eine beeindruckende Kombination aus technischer Finesse, taktischem Verständnis und Teamgeist gezeigt. Besonders das Mittelfeld sticht als Kernstück der spanischen Spielphilosophie hervor, das den Ballbesitzfußball perfektioniert hat. Während der Angriff und die Verteidigung ebenfalls stark sind und wesentliche Beiträge zum Erfolg der Mannschaft leisten, ist es das außergewöhnliche Mittelfeld, das Spanien oft dominiert und Spiele kontrolliert. Diese Bewertung anerkennt die durchgängige Qualität und den Einfluss der spanischen Nationalmannschaft auf dem internationalen Fußballparkett.

KROATIEN

GRUPPE B

„Es gibt keine Grenzen. Der Traum ist immer da, um zu versuchen, ihn zu erreichen."

- Zlatko Dalić

Spanien	-	Kroatien	Sa. 15. Juni	18:00 Uhr
Kroatien	-	Albanien	Mi. 19. Juni	15:00 Uhr
Kroatien	-	Italien	Mo. 24. Juni	21:00 Uhr

10
7

1

Ballon d'Or-Gewinner 2018: Luka Modrić. Diese Auszeichnung unterstreicht die Qualität und das Talent, das im kroatischen Fußball vorhanden ist.

Kroatien hat die höchste Siegquote aller osteuropäischen Nationalmannschaften (62%)

6

Davor Šuker, der Torgarant: Davor Šuker, einer der berühmtesten kroatischen Fußballspieler, wurde mit sechs Toren Torschützenkönig der Weltmeisterschaft 1998 in Frankreich.

Fun

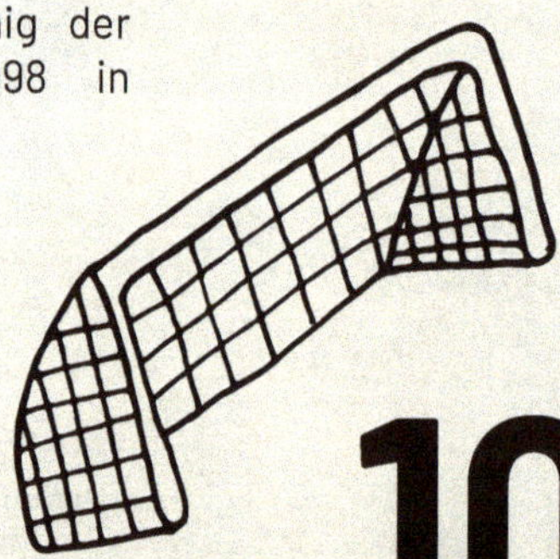

2.

Platz bei der Weltmeisterschaft 2018: Ein historischer Erfolg, der das kleine Land auf die globale Fußballbühne katapultierte.

100%

Kroatiens Erfolgsrate bei Elfmeterschießen in der WM 2018, bei denen sie sowohl Dänemark als auch Russland besiegten, um ins Halbfinale und dann ins Finale einzuziehen.

32

32 Spiele war die längste Serie ohne Niederlage in der Geschichte der kroatischen Nationalmannschaft, was ihre Fähigkeit unterstreicht, auf höchstem Niveau zu konkurrieren.

Spitznamen

„KOCKASTI" (DIE KARIERTEN)

„VATRENI" (DIE FEURIGEN)

Facts

Meiste Spiele als Trainer: 104 Spiele (Zlatko Dalić)
Höchste Siegquote als Trainer: 67% (Zlatko Dalić)
Höchster Sieg: 10:0 gegen San Marino (2016)
Höchste Niederlage: 0:5 gegen Frankreich (1999)

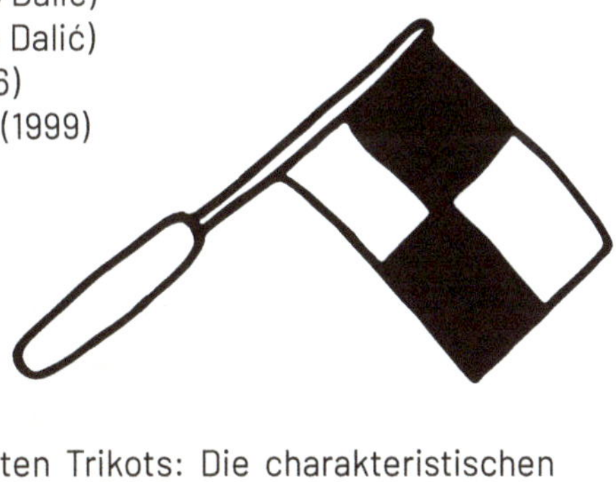

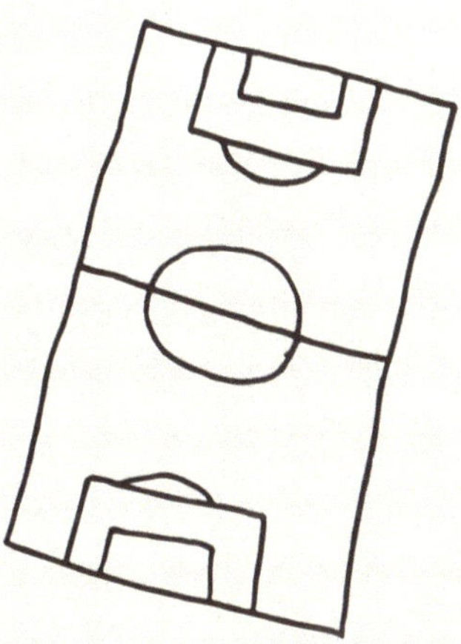

Die karierten Trikots: Die charakteristischen karierten Trikots der kroatischen Nationalmannschaft sind weltweit bekannt und symbolisieren die nationale Flagge und Identität. Dieses Muster hat ihnen den Spitznamen „Die Karierten" („Kockasti") eingebracht.

Spielstil:

Kroatiens Spielstil zeichnet sich durch ein starkes Mittelfeld, präzises Passspiel und taktische Flexibilität aus. Sie bevorzugen es, das Spiel zu kontrollieren, den Ballbesitz zu dominieren und durch geschickte Spielzüge aus dem Zentrum Angriffe zu initiieren. Ihr Ansatz kombiniert technische Fähigkeiten mit strategischer Geduld, um die Defensive des Gegners zu durchbrechen.

Stärken:

Weltklasse-Mittelfeld: Kroatiens größte Stärke liegt im Mittelfeld, das mit einigen der besten Spielmacher der Welt besetzt ist. Diese Spieler können das Spiel kontrollieren, den Rhythmus bestimmen und entscheidende Pässe liefern. **Technische Fähigkeiten:** Die technischen Fähigkeiten der Spieler, insbesondere im Mittelfeld und Angriff, ermöglichen es Kroatien, den Ball unter Druck zu halten und kreative Lösungen zu finden. **Erfahrung und Mentalität:** Die Mannschaft verfügt über erfahrene Spieler, die in großen Ligen und Turnieren gespielt haben, was ihnen eine starke mentale Stärke und Erfahrung auf hohem Niveau verleiht.

Schwächen:

Inkonstanz in der Verteidigung: Während Kroatiens Abwehr überwiegend solide ist, zeigt sie gelegentlich Schwächen, besonders gegen schnelle und agile Angreifer. **Abschluss vor dem Tor:** Trotz starker Angriffsbemühungen mangelt es manchmal an Effizienz im Abschluss, was in entscheidenden Momenten zum Verhängnis werden kann. **Abhängigkeit von Schlüsselspielern:** Die starke Abhängigkeit von der Leistung einzelner Schlüsselspieler im Mittelfeld kann problematisch sein, wenn diese ausfallen oder einen schlechten Tag haben.

Kroatiens Fußballzauber: Ein Spiel zwischen Brillanz und Herausforderungen

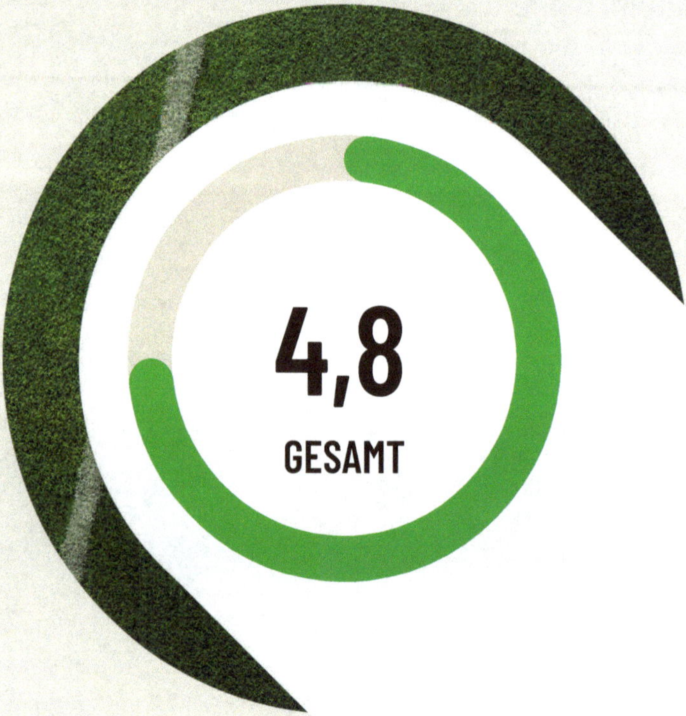

ANGRIFF

Kroatiens Angriff ist dynamisch und vielseitig, unterstützt durch talentierte Stürmer, die sowohl in der Lage sind, aus dem Spiel heraus als auch durch Standardsituationen zu punkten. Es fehlt jedoch manchmal an der Konstanz, um sie als weltbeste Offensive zu klassifizieren.

MITTELFELD

Das kroatische Mittelfeld ist das Herzstück des Teams, bekannt für seine Weltklasse-Spielmacher, die das Spiel kontrollieren, die Angriffe orchestrieren und sowohl in der Defensive als auch in der Offensive entscheidende Rollen spielen.

ABWEHR

Die Abwehr Kroatiens ist solide und erfahren, zeigt aber gelegentlich Schwächen gegen besonders schnelle oder technisch versierte Angreifer. Trotzdem gelingt es ihr oft, durch gutes Positionsspiel und starke Zweikampfführung, den Schaden zu begrenzen.

Kroatiens magisches Mittelfeld: Das Herzstück einer Nation, die Fußball lebt und atmet

Insgesamt spiegelt die kroatische Fußballnationalmannschaft eine beeindruckende Kombination aus technischer Finesse und taktischer Disziplin wider, mit einer herausragenden Bewertung von 5,5 im Mittelfeld, das als Dreh- und Angelpunkt des Teams gilt. Der Angriff und die Abwehr, beide mit soliden 4,5 bewertet, zeigen sowohl Stärke als auch Bereiche für Verbesserungen. Diese Balance macht Kroatien zu einem respektablen Gegner auf dem internationalen Parkett, wobei besonders das Weltklasse-Mittelfeld die Fähigkeit hat, Spiele zu dominieren und den Ausgang von Turnieren zu beeinflussen.

ITALIEN

GRUPPE B

„Ich bin kein Magier, ich kann keine Kaninchen aus dem Hut zaubern.“

Luciano Spalletti -

Italien	-	Albanien	Sa. 15. Juni	21:00 Uhr
Spanien	-	Italien	Do. 20. Juni	21:00 Uhr
Kroatien	-	Italien	Mo. 24. Juni	21:00 Uhr

2

EM Titel
(1968, 2021)

Verteidigung als beste Angriffstaktik: Italien hat in ihrer Geschichte bei Weltmeisterschaften insgesamt über 60 Spiele ohne Gegentor beendet, ein Beweis für ihre defensiven Fähigkeiten und die berühmte „Catenaccio"-Taktik.

4

WM Titel
(1934, 1938, 1982, 2006)

Fun

Bekannte Spieler: Italien hat einige der weltbesten Fußballer hervorgebracht, darunter Paolo Maldini, Franco Baresi, Roberto Baggio, Francesco Totti und Andrea Pirlo.

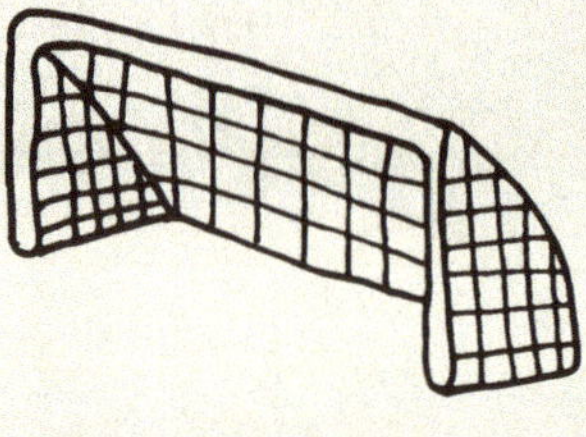

176

Der italienische Torhüter Gianluigi Buffon hat in seiner Karriere mehr Länderspiele bestritten (176) als jeder andere Spieler der Welt.

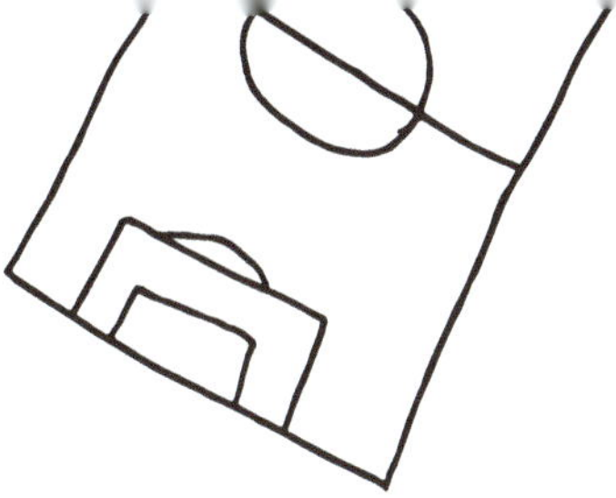

Top-Torschütze: Luigi Riva hält mit 35 Toren den Rekord als Italiens Top-Torschütze.

35

Spitzname

„GLI AZZURRI"

(DIE AZURBLAUEN)

Facts

Legendäre Trainer: Trainer wie Vittorio Pozzo, der Italien zu zwei Weltmeistertiteln in den 1930er Jahren führte, und Marcello Lippi, der die Mannschaft 2006 zum Weltmeistertitel führte, sind Teil der reichen Fußballgeschichte Italiens.

Die Unentschieden-Könige: Italien hält einen ungewöhnlichen Rekord bei großen Turnieren für die meisten Unentschieden in der Geschichte der Europameisterschaften und Weltmeisterschaften zusammengenommen. Ihre Neigung zu Unentschieden in kritischen Spielen hat oft zu spannenden Elfmeterschießen geführt.

1:1

Italiens Fußballkunst: Meisterhafte Defensive trifft auf kreatives Mittelfeldspiel

Stärken:

Mittelfeldkontrolle: Das Herzstück des italienischen Spiels liegt in seinem starken Mittelfeld, das technische Fähigkeiten mit taktischem Verständnis kombiniert, um Spiele zu dominieren. **Defensive Organisation:** Trotz eines modernisierten Ansatzes bleibt die Defensive effizient und schwierig zu überwinden, unterstützt durch taktische Disziplin und individuelle Klasse. **Offensive Vielseitigkeit:** Italien verfügt über vielseitige Angriffsoptionen, die Tiefe, Flügelangriffe und kreative Spielzüge hinter den Spitzen einschließen, was sie unberechenbar macht. **Erfahrung und Jugend:** Eine gelungene Mischung aus erfahrenen Spielern und einem talentierten Nachwuchs sorgt für eine lebendige Teamdynamik.

Schwächen:

Konsequenz im Abschluss: Trotz gesteigerter Offensivbemühungen kann die Mannschaft in der Effizienz vor dem Tor noch zulegen, besonders in entscheidenden Spielmomenten. **Anpassung an unterschiedliche Gegner:** Gelegentlich zeigen sich Schwierigkeiten, den Spielstil effektiv gegen Teams mit extremem Hochpressing oder denen, die sich tief hinten einigeln, anzupassen. **Tiefe des Kaders:** Verletzungen von Schlüsselspielern können die Mannschaft vor Herausforderungen stellen, da die Qualität und Erfahrung der Ersatzspieler nicht immer auf gleichem Niveau sind.

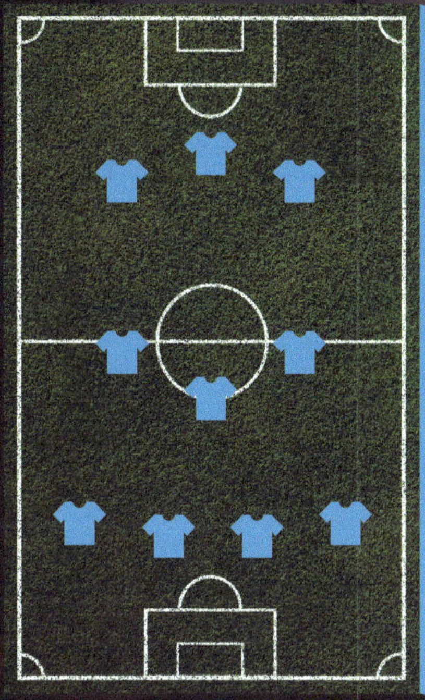

Spielstil:

Die italienische Fußballnationalmannschaft zeichnet sich durch einen proaktiven und ballbesitzorientierten Spielstil aus, der weit entfernt vom traditionellen „Catenaccio" ist. Unter der Leitung von Trainern wie Roberto Mancini und Luciano Spalletti hat sich Italien auf ein System fokussiert, das die Kontrolle über das Spiel durch präzises Passspiel, hohe Pressingintensität und schnelle Umschaltbewegungen zwischen Verteidigung und Angriff priorisiert. Diese Entwicklung unterstreicht eine Balance aus offensiver Kreativität, Mittelfelddominanz und einer organisierten, aber flexiblen Defensive.

ANGRIFF	MITTELFELD	ABWEHR

ANGRIFF

Italiens Stürmer sind für ihre technischen Fähigkeiten und ihr gutes Positionsgefühl bekannt. Sie können Spiele entscheiden, auch wenn ihnen manchmal die Beständigkeit fehlt, um konstant auf höchstem Niveau zu treffen.

MITTELFELD

Das italienische Mittelfeld zeichnet sich durch taktische Intelligenz und eine hervorragende Ballkontrolle aus. Diese Spieler sind das strategische Zentrum des Teams, das das Spieltempo bestimmt und sowohl in der Defensive als auch im Angriff Schlüsselrollen übernimmt.

ABWEHR

Italiens Abwehr und Torhüter stehen für eine lange Tradition exzellenter Defensivarbeit, kombiniert mit weltklasse Torwartleistungen. Ihre Fähigkeit, den Gegner unter Druck zu setzen und Tore zu verhindern, ist ein Grundpfeiler ihres Erfolgs auf internationaler Bühne.

Italienische Eleganz und Taktik: Ein Fußball-Orchester mit meisterlicher Defensive und kreativem Mittelfeld

Mit einer Gesamtnote von 5 reflektiert die italienische Mannschaft ein hohes Maß an technischem Können, taktischer Versiertheit und einer robusten Defensive, die sie zu einem gefürchteten Gegner auf dem internationalen Parkett macht. Ihre Fähigkeit, das Spiel aus dem Mittelfeld zu steuern und mit einer starken Verteidigungslinie, unterstützt von weltklasse Torhüterleistungen, den Gegner abzuwehren, ist bemerkenswert. Trotz gelegentlicher Schwächen im Angriff und Herausforderungen bei der Konsistenz zeigt die Mannschaft eine beeindruckende Gesamtleistung, die ihre Position als eine der führenden Fußballnationen unterstreicht.

ALBANIEN

GRUPPE B

„Albaniens aufstrebende Adler: Auf dem Weg zu neuen Höhen."

Italien	-	Albanien	Sa. 15. Juni	21:00 Uhr
Kroatien	-	Albanien	Mi. 19. Juni	15:00 Uhr
Albanien	-	Spanien	Mo. 24. Juni	21:00 Uhr

92

Rekordspieler: Lorik Cana ist einer der bekanntesten Spieler in der Geschichte des albanischen Fußballs. Er hält den Rekord für die meisten Länderspiele für Albanien und war ein wesentlicher Bestandteil der Mannschaft, die sich für die Euro 2016 qualifizierte.

Einfluss des italienischen Fußballs: Aufgrund der geografischen Nähe und historischen Verbindungen hat der italienische Fußball einen großen Einfluss auf Albanien. Viele albanische Spieler haben ihre Karrieren in Italien begonnen oder fortgesetzt, und italienische Trainer waren oft an der Spitze der Nationalmannschaft oder lokaler Klubs.

2016

Historischer Sieg: Albanien feierte seinen größten Erfolg, als das Team sich für die Europameisterschaft 2016 in Frankreich qualifizierte. Es war das erste Mal, dass sich Albanien für ein großes Turnier qualifizierte.

6

Längste Serie ohne Niederlage: Albanien erlebte seine längste Serie ohne Niederlage zwischen 2003 und 2004, als das Team 6 Spiele in Folge unbezwungen blieb, ein Rekord, der ihre zunehmende Wettbewerbsfähigkeit unterstreicht.

Spitzname

„KUQ E ZINJTË"

(DIE ROT-SCHWARZEN)

Facts

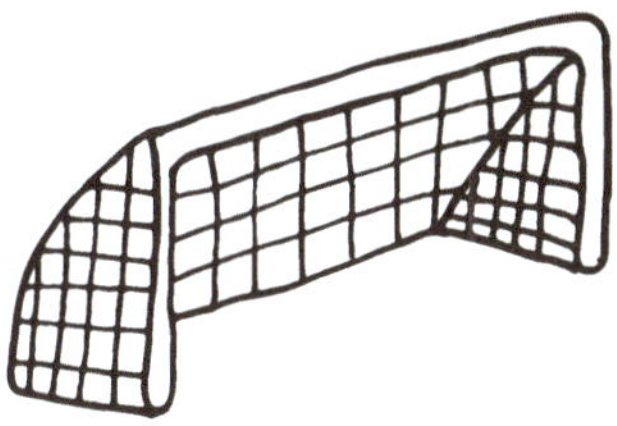

Einzigartige Fußballkultur: Fußball ist in Albanien mehr als nur ein Spiel; es ist ein wichtiger Teil der lokalen Kultur und Identität. Fans sind bekannt für ihre leidenschaftliche Unterstützung, und Fußballereignisse sind oft Familienangelegenheiten, die Generationen zusammenbringen.

1946

Erstes Länderspiel: Das erste offizielle Länderspiel fand 1946 statt, als Albanien gegen Jugoslawien spielte. Das Spiel endete mit einem 2:3 aus Sicht der Albaner.

Albaniens defensive Kunst trifft auf offensive Herausforderungen: Ein Team zwischen Kampfgeist und Kreativsuche

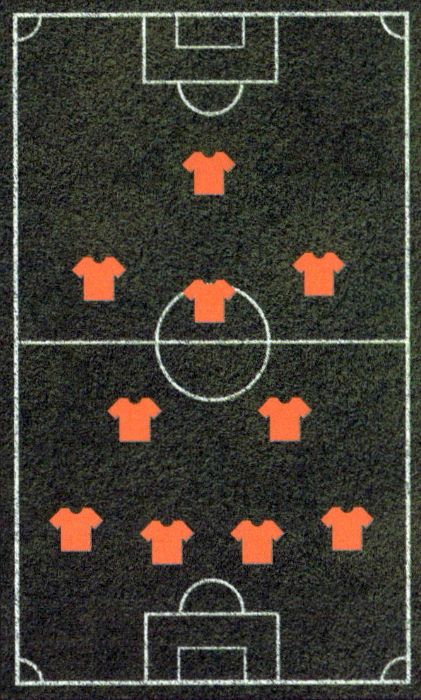

Stärken:

Defensive Stabilität: Eine gut organisierte Abwehr, die schwer zu durchbrechen ist, bildet das Fundament des Teams. **Teamgeist und Kampfgeist:** Ein ausgeprägter Zusammenhalt und eine hohe Einsatzbereitschaft zeichnen die Mannschaft aus, was sie besonders gegen stärkere Gegner gefährlich macht. **Effektive Gegenangriffe:** Die Fähigkeit, schnell von der Verteidigung in den Angriff überzugehen, schafft Chancen gegenüber unvorbereiteten Gegnern.

Schwächen:

Begrenzte Offensivoptionen: Es mangelt an konstanter Torgefahr und kreativen Lösungen im Angriffsspiel, was gegen defensiv starke Teams zum Problem wird. **Technische Limitierungen:** Im Vergleich mit Top-Nationalteams fehlt es an technischer Raffinesse und Ballkontrolle unter Druck. **Konstanz:** Schwankende Leistungen in wichtigen Spielen und Qualifikationsrunden verhindern oft bessere Erfolge auf der internationalen Bühne.

Spielstil:

Albaniens Fußballnationalmannschaft setzt auf eine disziplinierte, defensive Spielweise, kombiniert mit schnellen Gegenangriffen. Sie legen Wert auf eine starke kollektive Abwehrarbeit, um den Gegner vom Tor fernzuhalten, und nutzen die Geschwindigkeit ihrer Flügelspieler, um in der Offensive Akzente zu setzen.

ANGRIFF

MITTELFELD

ABWEHR

Der albanische Angriff hat seine Momente, in denen er durchaus gefährlich werden kann, besonders gegen gleichstarke oder leicht schwächere Gegner. Es mangelt jedoch an der Beständigkeit und der Durchschlagskraft, die für höhere Bewertungen erforderlich sind.

Das Mittelfeld zeigt Ansätze von Kreativität und Kampfgeist, ist aber in seiner Effektivität gegen stärkere Mannschaften oft eingeschränkt. Die Spieler arbeiten hart, doch es fehlt an der technischen Finesse und der Spielkontrolle, die in Top-Teams zu finden sind.

Die Defensive ist traditionell eine stärkere Komponente des albanischen Teams, das sich durch eine gute Organisation und Kampfstärke auszeichnet. Albanien hat in der Vergangenheit bewiesen, dass es in der Lage ist, stärkeren Teams Paroli zu bieten und niedrige Gegentorquoten zu halten.

Albaniens Fußball im Aufschwung: Eine Defensive Festung baut auf künftige Überraschungen

Die albanische Fußballnationalmannschaft zeigt eine solide Defensive als ihr Rückgrat, unterstützt durch ein kämpferisches Mittelfeld und einen ehrgeizigen Angriff. Während sie in der Abwehr Stärke beweist, sind es die Kreativität und Durchschlagskraft in der Offensive, die noch Raum für Entwicklung bieten. Insgesamt spiegelt ihre Leistung eine Mannschaft im Aufbau wider, die mit jedem Spiel wächst und das Potential hat, auf der internationalen Bühne überraschende Ergebnisse zu erzielen.

SLOWENIEN

GRUPPE C

„Im Herzen Sloweniens schlägt der Puls eines unermüdlichen Teams, das mit Stolz und Geschick den Ball über das grüne Feld führt."

Slowenien	-	Dänemark	So. 16. Juni	18:00 Uhr
Slowenien	-	Serbien	Do. 20. Juni	15:00 Uhr
England	-	Slowenien	Di. 25. Juni	21:00 Uhr

1

Die bisher einzige Teilnahme an Europameisterschaften gelang im Jahr 2000. Slowenien sicherte sich seinen Platz durch ein dramatisches Playoff gegen die Ukraine, das sie nach einem Elfmeterschießen gewannen, und zeigte früh ihre Fähigkeit, unter Druck zu bestehen.

Legendäre Trainer: Srečko Katanec, selbst ehemaliger slowenischer Nationalspieler, führte als Trainer die slowenische Nationalmannschaft sowohl zur Europameisterschaft 2000 als auch zur Weltmeisterschaft 2002, was ihn zu einem der bedeutendsten Trainer in der Geschichte des slowenischen Fußballs macht.

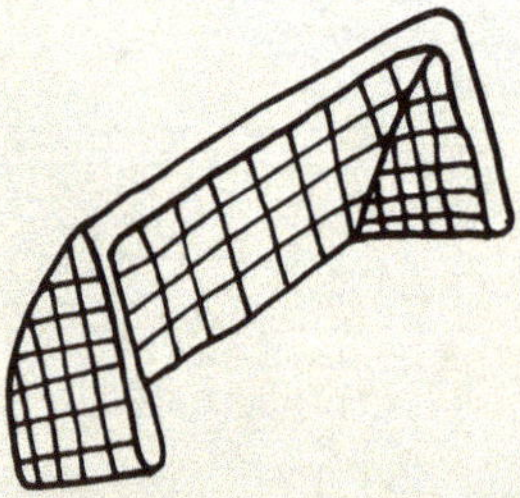

35

Top-Torschütze: Zlatko Zahovič ist mit 35 Toren der beste Torschütze in der Geschichte der slowenischen Nationalmannschaft. Seine Tore waren entscheidend für Sloweniens frühen internationalen Erfolg.

Fußball und Skispringen: Slowenien ist eines der wenigen Länder, in denen Fußball und Skispringen eng miteinander verbunden sind, wobei viele Fußballfans auch leidenschaftliche Anhänger des Skispringens sind. Dies spiegelt die vielfältige Sportkultur des Landes wider.

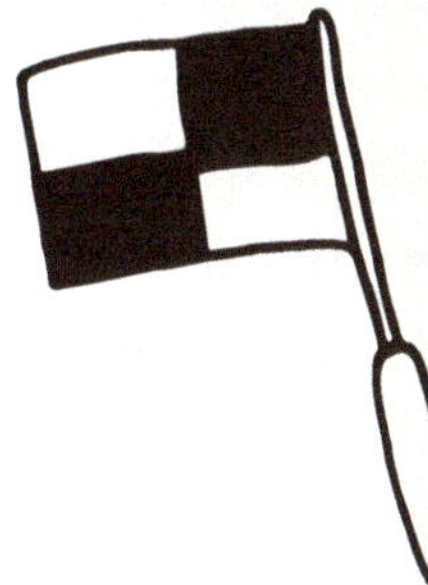

Spitzname

„ZMAJCEKI"

(DIE KLEINEN DRACHEN)

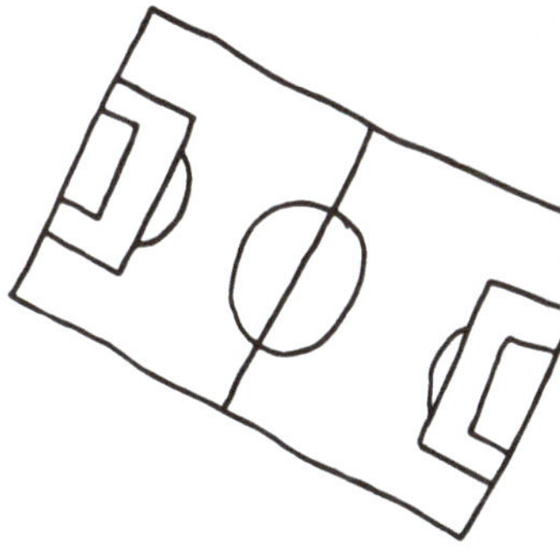

Facts

Fußballfamilien: Mehrere slowenische Spieler haben Fußball spielende Brüder, wie z.B. die Iličić-Brüder und die Kampl-Brüder, was das tiefe Fußballerbe in einigen slowenischen Familien zeigt.

1992

Erstes Länderspiel: Sloweniens erstes offizielles Länderspiel nach der Unabhängigkeit war ein Freundschaftsspiel gegen Estland im Juni 1992, das sie mit 1:1 beendeten.

Sloweniens Fußballstrategie: Ein Balanceakt zwischen defensiver Solidität und der Suche nach Angriffsdurchbruch

Stärken:

Kompakte Defensive: Eine der größten Stärken ist die solide und gut organisierte Defensive, die es Gegnern schwer macht, durchzubrechen. **Mittelfeldkontrolle:** Das Mittelfeld ist das Herzstück des Teams, fähig, das Spiel zu lenken und sowohl defensive als auch offensive Aufgaben zu übernehmen. **Schnelle Umschaltmomente:** Die Fähigkeit, schnell von der Verteidigung in den Angriff überzugehen, macht Slowenien besonders gefährlich in Kontersituationen. **Starke Teamchemie:** Ein ausgeprägter Teamgeist und die Bereitschaft, füreinander zu kämpfen, zeichnen die Mannschaft aus.

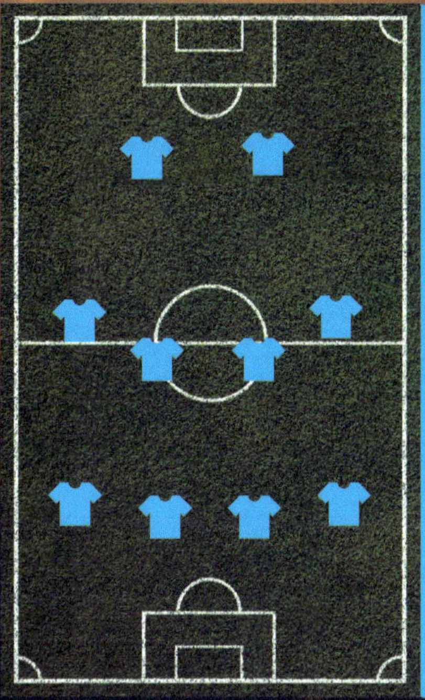

Schwächen:

Inkonstanz im Angriff: Während der Angriff Potential zeigt, mangelt es gelegentlich an Konstanz und Effizienz im Abschluss. **Kreativitätsmangel:** Gegen tief stehende Gegner fehlt es manchmal an kreativen Lösungen, um die Defensive zu überwinden. **Physische Limitierungen:** In Spielen gegen körperlich überlegene Teams kann Slowenien manchmal den physischen Kampf verlieren. **Erfahrung auf höchstem Niveau:** Obwohl das Team wächst, fehlt es noch an Erfahrung in großen Turnieren im Vergleich zu traditionellen Fußballmächten.

Spielstil:

Die slowenische Nationalmannschaft zeichnet sich durch einen disziplinierten und taktisch flexiblen Spielstil aus. Sie bevorzugt ein kontrolliertes Spiel aus einer festen defensiven Grundordnung heraus, mit dem Ziel, über schnelle Konterangriffe zu gefährlichen Situationen vor dem gegnerischen Tor zu kommen. Das Mittelfeld spielt dabei eine zentrale Rolle, indem es sowohl die Verteidigung stabilisiert als auch den Angriff mit präzisen Pässen unterstützt. Slowenien setzt auf Teamarbeit und eine hohe Laufbereitschaft, um den Raum effektiv zu nutzen und den Gegner unter Druck zu setzen.

ANGRIFF

Der slowenische Angriff hat Momente der Brillanz gezeigt, mit der Fähigkeit, selbst gegen stärkere Mannschaften zu punkten. Allerdings fehlt es ihnen an der Konsistenz, um in dieser Kategorie eine höhere Bewertung zu rechtfertigen.

MITTELFELD

Das Mittelfeld ist eine der Stärken des Teams, mit einer guten Mischung aus kreativen und defensiven Talenten. Diese Spieler sind in der Lage, das Spiel zu gestalten, den Ballbesitz zu kontrollieren und sowohl die Verteidigung als auch den Angriff effektiv zu unterstützen.

ABWEHR

Die Defensive steht meist solide und hat sich als schwer überwindbar erwiesen, insbesondere in wichtigen Spielen. Die Abwehrarbeit ist diszipliniert und organisiert, auch wenn sie gegen sehr dynamische Angriffsreihen gelegentlich in Schwierigkeiten geraten kann.

Sloweniens Aufstieg: Zwischen technischer Finesse und Teamgeist auf dem Weg zur europäischen Fußballelite

Das slowenische Team zeigt sich als eine aufstrebende Kraft im europäischen Fußball, charakterisiert durch ihr dynamisches Mittelfeld, das den Takt angibt, eine entschlossene Abwehr und einen vielversprechenden Angriff. Ihre Fähigkeit, sich in wichtigen Momenten zu beweisen, gepaart mit technischer Versiertheit und taktischer Disziplin, macht sie zu einem Gegner, den man nicht unterschätzen sollte. Während es noch Bereiche für Verbesserungen gibt, unterstreicht die Leidenschaft und der Zusammenhalt innerhalb des Teams das Potential, sich auf der internationalen Bühne weiter zu etablieren.

19

DÄNEMARK

GRUPPE C

„Die Stärke liegt nicht nur in der Formation, sondern in Herz, Vielseitigkeit und dem unerschütterlichen Wikingergeist."

Slowenien	-	Dänemark	So. 16. Juni	18:00 Uhr
Dänemark	-	England	Do. 20. Juni	18:00 Uhr
Dänemark	-	Serbien	Di. 25. Juni	21:00 Uhr

1

Europameister 1992: Dänemark gewann überraschend die Europameisterschaft 1992 in Schweden, ein Turnier, für das sie ursprünglich nicht qualifiziert waren. Sie rückten nach, als Jugoslawien disqualifiziert wurde, und besiegten im Finale Deutschland mit 2:0.

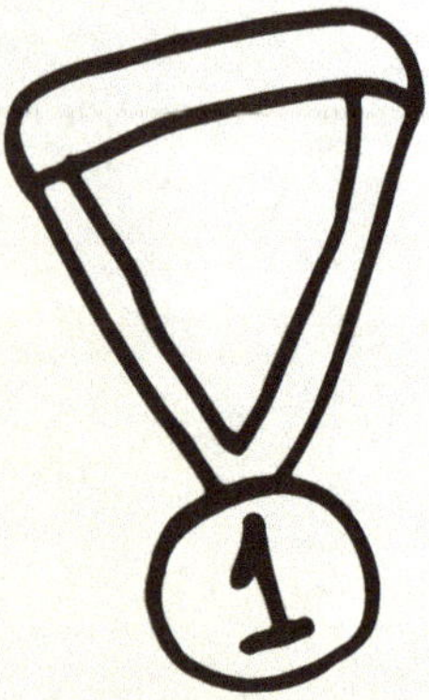

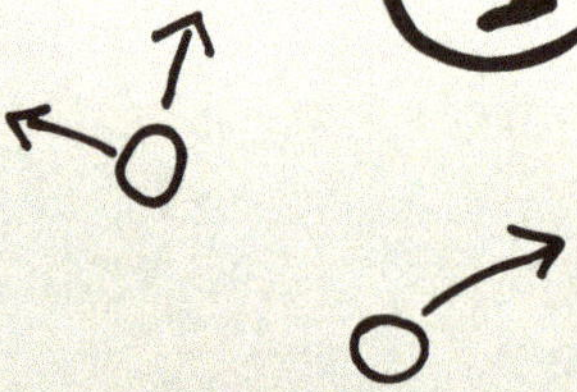

Fun

131

Rekordspieler: Peter Schmeichel, einer der berühmtesten dänischen Fußballer, hält viele Rekorde, unter anderem war er Schlüsselspieler beim EM-Sieg 1992. Der aktuelle Rekordspieler in Bezug auf Einsätze ist jedoch Simon Kjær mit 131 Länderspielen.

52

Top-Torschütze: Poul Nielsen und Jon Dahl Tomasson teilen sich den Rekord als beste Torschützen der dänischen Nationalmannschaft mit jeweils 52 Toren.

9:0

Debüt im internationalen Fußball: Das erste offizielle Länderspiel Dänemarks fand 1908 statt, ein beeindruckender 9:0-Sieg gegen Frankreich bei den Olympischen Spielen.

Spitzname

„DANISH DYNAMITE"

Facts

Berühmte Generation: Die 1980er und frühen 1990er Jahre sahen die „goldene Generation" des dänischen Fußballs mit Spielern wie Michael Laudrup, Brian Laudrup und Peter Schmeichel, die das Team auf die internationale Bühne brachten.

18

Jüngster Spieler: Christian Eriksen machte sein Debüt für die dänische Nationalmannschaft im Alter von 18 Jahren und 104 Tagen, was ihn zum jüngsten Spieler machte, der jemals für Dänemark gespielt hat.

20

Tor in kürzester Zeit: Nicklas Bendtner hält den Rekord für das schnellste Tor in der Geschichte der dänischen Nationalmannschaft. Er traf 2011 gegen Norwegen nach nur 20 Sekunden.

Dänemarks Taktische Meisterwerke: Zwischen Wikingergeist und der Kunst des modernen Fußballs

Stärken:

Ausgeglichene Mannschaft: Eines der Hauptmerkmale der dänischen Mannschaft ist ihre ausgewogene Zusammensetzung mit starken Spielern in allen Bereichen. **Starke Teamchemie:** Der ausgeprägte Teamgeist und die Einheit innerhalb der Mannschaft tragen dazu bei, dass sie auch unter Druck als geschlossene Einheit agiert. **Taktische Flexibilität:** Trainer und Spieler zeigen eine beeindruckende Fähigkeit, ihre Strategie an verschiedene Gegner anzupassen, was sie zu einem unberechenbaren und vielseitigen Team macht. **Effektivität bei Standardsituationen:** Dänemark ist bekannt für seine Gefährlichkeit bei Standardsituationen, sowohl bei der Verteidigung als auch beim Angriff.

Schwächen:

Konsistenz gegen Top-Teams: Trotz der Fähigkeit, mit den besten Teams zu konkurrieren, kämpft Dänemark manchmal um Konsistenz in Ergebnissen gegen traditionell stärkere Mannschaften. **Verwertung von Chancen:** Gelegentlich mangelt es an der Effizienz im Abschluss, wobei hochkarätige Chancen nicht immer in Tore umgemünzt werden. **Tiefe des Kaders:** Während die Startelf stark ist, könnte die Mannschaft von einer breiteren Auswahl an hochkalibrigen Ersatzspielern profitieren, um Verletzungen und Ermüdung über lange Turniere hinweg besser zu kompensieren.

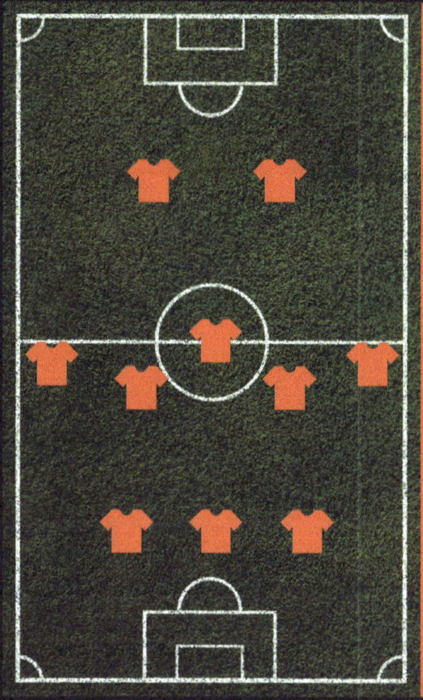

Spielstil:

Die dänische Nationalmannschaft zeichnet sich durch einen dynamischen und vielseitigen Spielstil aus, der auf starkem Mannschaftsgeist, hoher Arbeitsrate und taktischer Flexibilität beruht. Sie bevorzugt ein ballbesitzorientiertes Spiel, unterstützt durch schnelle Umschaltmomente und präzises Passspiel. Dänemark nutzt oft die Breite des Feldes, um Gegner auseinanderzuziehen, und setzt auf starke physische Präsenz in Kombination mit technischer Raffinesse, um sowohl in der Offensive als auch in der Defensive zu dominieren.

ANGRIFF

Dänemark verfügt über einen vielseitigen und effektiven Angriff, unterstützt von talentierten Stürmern, die sowohl in der dänischen Superliga als auch in führenden europäischen Ligen spielen. Ihre Fähigkeit, aus verschiedenen Situationen heraus Tore zu erzielen, macht sie zu einer ständigen Bedrohung.

MITTELFELD

Das dänische Mittelfeld ist technisch versiert und taktisch intelligent, mit Spielern, die sowohl defensiv stark sind als auch das Spiel nach vorne antreiben können. Ihre Mittelfeldspieler sind bekannt dafür, das Tempo des Spiels zu kontrollieren und präzise Pässe zu liefern, was sie zu einem integralen Bestandteil des Teams macht.

ABWEHR

Die Verteidigung der Dänen ist solide und gut organisiert, mit der Fähigkeit, unter Druck standzuhalten. Während sie generell zuverlässig ist, hat sie gelegentlich Schwierigkeiten mit besonders schnellen oder wendigen Angreifern gezeigt.

Dänemarks dynamische Wikinger: Eine furchteinflößende Mischung aus Angriffskraft, Mittelfeldmagie und Granitverteidigung

Die dänische Nationalmannschaft präsentiert sich als eine beeindruckend ausgewogene Kraft im internationalen Fußball, charakterisiert durch einen gefährlichen Angriff, ein kreatives und kontrollierendes Mittelfeld sowie eine robuste Verteidigung. Ihre Fähigkeit, in kritischen Momenten zu glänzen und eine starke Teamdynamik zu bewahren, unterstreicht das hohe Niveau ihrer Spielkultur. Mit einer Mischung aus erfahrenen Akteuren und aufstrebenden Talenten demonstriert Dänemark eine beeindruckende Kombination aus technischer Versiertheit, taktischer Intelligenz und einem unerschütterlichen Willen, der sie zu einem würdigen Konkurrenten auf jeder Bühne macht.

10

SERBIEN

GRUPPE C

„Ein Team voller Individualisten, die zu einer Einheit verschmelzen, wenn es am wichtigsten ist."

Serbien	-	England	So. 16. Juni	21:00 Uhr
Slowenien	-	Serbien	Do. 20. Juni	15:00 Uhr
Dänemark	-	Serbien	Di. 25. Juni	21:00 Uhr

57

Aleksandar Mitrović ist der Spieler mit den meisten Toren für die serbische Nationalmannschaft. Mit 57 Toren in 76 Länderspielen überholte er im Jahr 2022 Stjepan Bobek, der diesen Rekord 68 Jahre lang mit 38 Toren gehalten hatte.

Fun

Legenden: Zu den Legenden der serbischen Nationalmannschaft gehören u.a. Dragan Džajić, Savo Milošević und Dejan Stanković.

1960

Das größte Erfolgserlebnis der serbischen Nationalmannschaft war der Gewinn der olympischen Goldmedaille im Jahr 1960. Damals spielte die Mannschaft noch als Jugoslawien.

Dragan Stojković: Der ehemalige Spielmacher und Star von Roter Stern Belgrad ist seit 2021 Trainer der serbischen Nationalmannschaft. Stojković führte die Mannschaft zur Weltmeisterschaft 2022 in Katar.

Spitzname

„ORLOVI"

(„DIE ADLER")

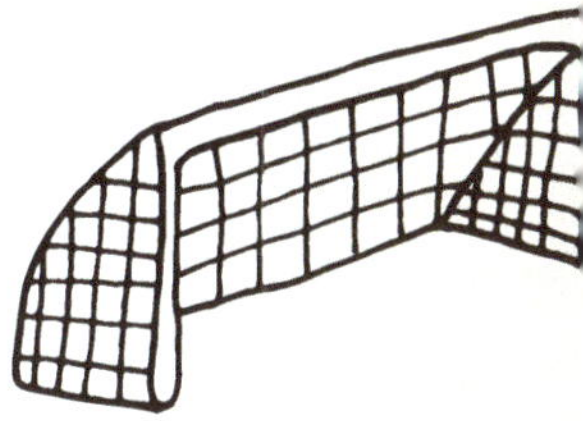

Facts

„Delije": Die Fans der serbischen Nationalmannschaft sind für ihre Leidenschaft und ihren Enthusiasmus bekannt. Sie werden oft als „Delije" bezeichnet, was soviel wie „Helden" bedeutet.

105

Dušan Tadić, der Kapitän der serbischen Nationalmannschaft, hält mit 105 Länderspielen den Rekord für die meisten Einsätze im Trikot Serbiens. Der Spielmacher überholte 2022 Branislav Ivanović und ist eine der prägenden Figuren des serbischen Fußballs der vergangenen Jahre.

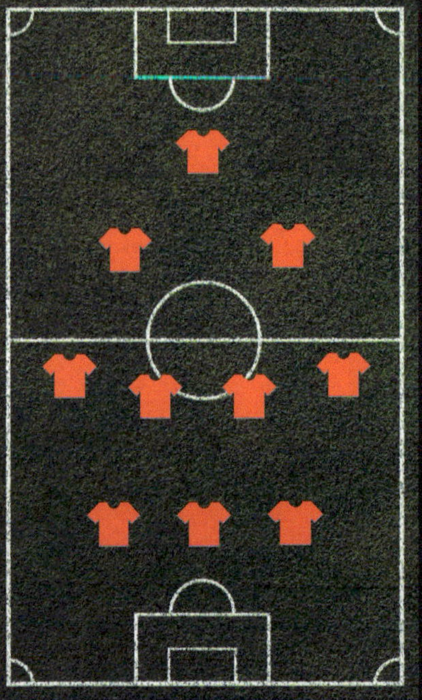

Spielstil:

Das serbische Fußballnationalteam zeichnet sich durch einen körperbetonten und technisch versierten Spielstil aus. Sie setzen auf eine Kombination aus physischer Präsenz und technischer Fähigkeit, wobei sie sowohl auf traditionelle Spielweisen als auch auf moderne Fußballtaktiken setzen. Ihre Spiele sind oft geprägt von strategischem Aufbau aus der Tiefe, wobei sie die Stärke ihrer zentralen Verteidiger im Luftkampf und die Technik ihrer Mittelfeldspieler nutzen, um Chancen zu kreieren. Die Mannschaft bevorzugt ein balanciertes System, das Flexibilität in Angriff und Verteidigung ermöglicht, mit einem deutlichen Fokus auf Kontrolle im Mittelfeld und schnelle Flügelangriffe.

Stärken:

Physische Stärke: Serbien profitiert von der physischen Überlegenheit vieler Spieler, was insbesondere in der Defensive und bei Standardsituationen zum Tragen kommt. **Technische Fähigkeiten:** Trotz ihrer physischen Spielweise verfügen die Spieler über ausgezeichnete technische Fähigkeiten, die es ihnen ermöglichen, den Ball unter Druck zu kontrollieren und kreative Lösungen im Spiel zu finden. **Starkes Mittelfeld:** Das Mittelfeld ist das Herzstück des Teams, mit Spielern, die sowohl defensiv absichern als auch offensiv Akzente setzen können. **Erfahrene internationale Spieler:** Viele Spieler des serbischen Teams spielen in führenden europäischen Ligen, was ihnen wertvolle Erfahrung und internationale Klasse verleiht.

Schwächen:

Konsistenz: Eines der Hauptprobleme des Teams ist die mangelnde Konsistenz über die gesamte Spielzeit und über verschiedene Spiele hinweg. **Defensive Anfälligkeiten:** Trotz ihrer physischen Stärke zeigt die Defensive gelegentlich Schwächen, besonders gegen schnelle und wendige Angreifer. **Ausnutzung von Chancen:** Im Angriff mangelt es manchmal an der Effizienz, Chancen konsequent in Tore umzumünzen.
Taktische Flexibilität: Während die Mannschaft taktisch oft gut eingestellt ist, kann die Anpassungsfähigkeit an unerwartete Spielsituationen verbessert werden.

Serbiens Fußballkunst: Zwischen roher Kraft und feiner Technik - Ein Team auf der Suche nach der perfekten Balance

ANGRIFF

Serbien verfügt über einen kraftvollen und technisch versierten Angriff. Mit einer Mischung aus erfahrenen Spielern und aufstrebenden Talenten, die in Top-Ligen Europas spielen, zeigt der Angriff Effizienz vor dem Tor und eine beeindruckende Vielseitigkeit.

MITTELFELD

Das serbische Mittelfeld ist das Rückgrat des Teams, bekannt für seine Robustheit und Kreativität. Die Spieler sind sowohl im defensiven Mittelfeld als auch in der offensive Schaltzentrale stark, könnten aber in puncto Spielkontrolle und -gestaltung gegenüber den absoluten Top-Teams noch zulegen.

ABWEHR

Die Abwehr Serbiens ist allgemein solide und physisch stark, mit der Fähigkeit, Druck von den Gegnern effektiv abzuwehren. Trotz gelegentlicher Schwierigkeiten bei schnellen Gegenangriffen oder hochkarätigen offensiven Talenten, zeigt die Defensive insgesamt eine gute Organisation.

Serbiens Fußballstolz: Zwischen Angriffslust und Verteidigungsmauern - Ein Team auf dem Weg zu neuen Höhen

Das serbische Team zeigt sich mit einem kraftvollen Angriff, einem kreativen Mittelfeld und einer stabilen Verteidigung als eine aufstrebende Kraft im internationalen Fußball. Ihre Fähigkeit, sowohl in der Offensive als auch in der Defensive zu überzeugen, unterstützt durch ein technisch versiertes Mittelfeld, macht sie zu einem ernstzunehmenden Gegner. Während es Raum für Verbesserungen gibt, um noch konstanter auf höchstem Niveau zu konkurrieren, unterstreicht die aktuelle Zusammensetzung des Teams sein Potential und seine Entschlossenheit, auf der großen Bühne zu glänzen.

ENGLAND

GRUPPE C

„Englands mutige Löwen: Zwischen Tradition und Moderne auf dem Pfad zu ruhmreichen Toren."

Serbien	-	England	So. 16. Juni	21:00 Uhr
Dänemark	-	England	Do. 20. Juni	18:00 Uhr
England	-	Slowenien	Di. 25. Juni	21:00 Uhr

1

Weltmeister 1966: England gewann die Weltmeisterschaft 1966 im eigenen Land, was bis heute ihr einziger WM-Titel ist. Das Finale gegen Deutschland endete mit einem legendären 4:2-Sieg nach Verlängerung.

17

Jüngster Spieler: Theo Walcott wurde mit 17 Jahren und 75 Tagen der jüngste Spieler, der für die englische Nationalmannschaft spielte, als er 2006 gegen Ungarn sein Debüt gab.

Erste Fußballregeln: England ist die Geburtsstätte des modernen Fußballs, mit den ersten bekannten Regeln, die 1863 von der neu gegründeten Football Association festgelegt wurden.

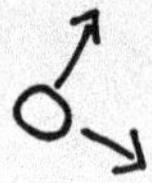

1872

Erstes internationales Fußballspiel: England spielte 1872 gegen Schottland in Glasgow im ersten offiziellen Länderspiel der Fußballgeschichte. Das Spiel endete in einem 0:0-Unentschieden.

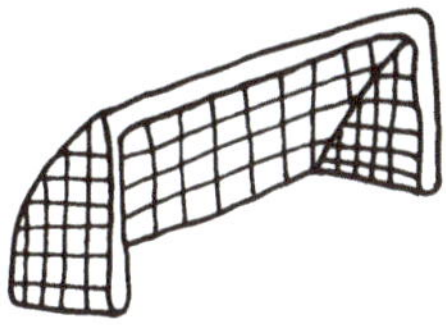

62

Rekordtorschütze: Harry Kane hält den Rekord für die meisten Tore in der Geschichte der englischen Nationalmannschaft mit 62 Toren.

Spitzname

„THREE LIONS"

(DREI LÖWEN)

Facts

Ein umstrittenes Tor: Im WM-Finale 1966 sorgte ein Tor von Geoff Hurst für Kontroversen, bekannt als „Wembley-Tor", bei dem strittig war, ob der Ball die Linie vollständig überquerte. Dies führte später zur Einführung technologischer Hilfsmittel wie der Torlinientechnik.

125

Meiste Länderspiele: Peter Shilton, der legendäre Torhüter, hält den Rekord für die meisten Einsätze (Caps) für England mit 125 Länderspielen zwischen 1970 und 1990.

Stärken:

Offensive Vielfalt: England verfügt über eine breite Palette von Angriffsoptionen, mit Spielern, die sowohl individuell als auch als Team für Torgefahr sorgen können. **Tiefe des Kaders:** Der Kader zeichnet sich durch seine Tiefe und Qualität aus, mit mehreren hochklassigen Optionen für jede Position. **Junge Talente:** Eine Welle junger, talentierter Spieler bringt frischen Wind und Dynamik ins Team, gepaart mit internationaler Erfahrung. **Standardsituationen:** England ist bei Standardsituationen besonders gefährlich, sowohl offensiv bei Ecken und Freistößen als auch defensiv durch ihre Stärke im Luftkampf.

Spielstil:

Das englische Nationalteam bevorzugt einen offensiven Spielstil, der auf schnellen, direkten Angriffen über die Flügel und durch das Zentrum basiert, unterstützt durch ein starkes, ballbesitzorientiertes Mittelfeld. Englands Spiel ist geprägt von hoher technischer Qualität, taktischer Flexibilität und der Fähigkeit, das Tempo je nach Spielsituation anzupassen. Sie setzen auf die Kreativität ihrer Mittelfeldspieler und die Geschwindigkeit sowie die Abschlussstärke ihrer Angreifer, um Gegner unter Druck zu setzen. Die Verteidigung, obwohl physisch stark und gut im Luftkampf, baut auf schnelles Umschaltspiel, um Konter

Schwächen:

Defensive Unsicherheiten: Gelegentliche Unsicherheiten und ein Mangel an Konstanz in der Verteidigung können gegen Top-Teams zum Verhängnis werden. **Druckmanagement:** In entscheidenden Turniermomenten hat das Team in der Vergangenheit Schwierigkeiten gehabt, mit dem Druck umzugehen und seine beste Leistung abzurufen. **Ausnutzung des Ballbesitzes:** Trotz hoher Ballbesitzphasen fehlt es manchmal an der Effizienz, diese in zwingende Torchancen umzumünzen. **Taktische Anpassung:** Die Fähigkeit, sich schnell auf unterschiedliche Gegner und Spielstile einzustellen, wurde in der Vergangenheit als verbesse-

Zwischen Offensivfeuerwerk und Verteidigungsrauschen - Ein Team auf dem Weg zur Perfektion

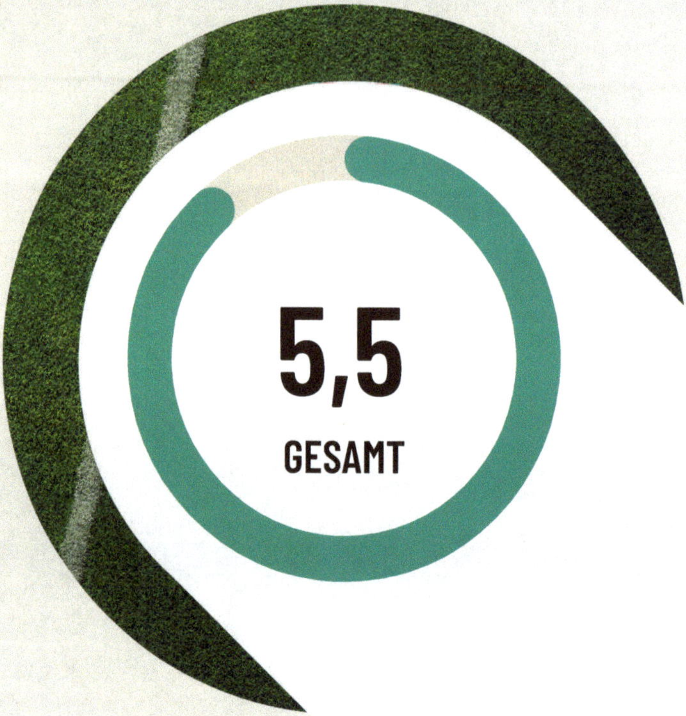

ANGRIFF

MITTELFELD

ABWEHR

England verfügt über einen der dynamischsten und vielseitigsten Angriffe im internationalen Fußball, gekennzeichnet durch Schnelligkeit, technische Fähigkeiten und eine hohe Torquote. Ihre Stürmer und Flügelspieler gehören zu den besten in Europa.

Das englische Mittelfeld ist technisch versiert und taktisch flexibel, fähig sowohl den Ballbesitz zu dominieren als auch schnell umzuschalten. Mit einer guten Mischung aus kreativen Spielmachern und robusten defensiven Mittelfeldspielern kann England das Spieltempo kontrollieren und den Angriff effektiv unterstützen.

Während die englische Verteidigung über starke individuelle Spieler verfügt und in der Lage ist, solide Leistungen zu zeigen, hat sie gelegentlich Schwierigkeiten mit kohärentem Zusammenspiel und Konstanz gegen hochkalibrige Angriffslinien.

Englands Löwen brüllen auf dem Spielfeld: Eine Macht in Angriff und Mittelfeld mit Blick auf die Verteidigungsmauer

Das englische Nationalteam zeichnet sich durch seine beeindruckende Angriffskraft und ein kreatives, kontrollierendes Mittelfeld aus, das es mit den besten Teams der Welt aufnehmen kann. Ihre Fähigkeit, Spiele zu dominieren und vielfältige offensive Strategien umzusetzen, unterstreicht ihre Position als eine der führenden Fußballnationen. Während die Abwehr über solides individuelles Talent verfügt, liegt hier dennoch der Schlüsselbereich für mögliche Verbesserungen, um die defensive Harmonie und Konstanz zu stärken. Insgesamt stellt England ein starkes Team mit hohem Potenzial und der Fähigkeit dar, auf dem höchsten Niveau zu konkurrieren und herausragende Ergebnisse zu erzielen.

POLEN

GRUPPE D

„Polens Fußballpanorama: Zwischen offensiver Brillanz und dem Streben nach Gleichgewicht auf dem Spielfeld."

Polen	–	Niederlande	So. 16. Juni	15:00 Uhr
Polen	–	Österreich	Fr. 21. Juni	18:00 Uhr
Frankreich	–	Polen	Di. 25. Juni	18:00 Uhr

10

1972

Olympische Spiele: Polen gewann 1972 die Goldmedaille im Fußball bei den Olympischen Spielen in München, ein herausragender Erfolg in der Geschichte des polnischen Fußballs.

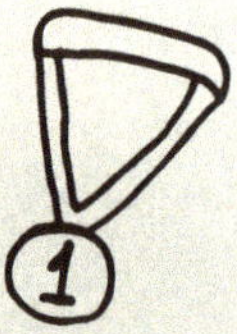

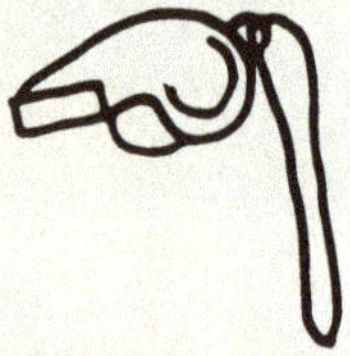

Europameisterschaft: Die polnische Nationalmannschaft hat an mehreren Europameisterschaften teilgenommen, mit ihrem besten Ergebnis im Jahr 2016, als sie das Viertelfinale erreichte.

Fun

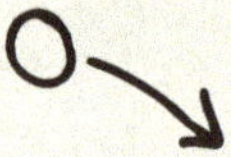

Weltrangliste: Polen erreichte seine höchste Platzierung in der FIFA-Weltrangliste im Jahr 2017, als es auf den 5. Platz kletterte.

82

Top-Torschütze: Robert Lewandowski führt die Liste der Torschützen an und hat für die Nationalmannschaft in zahlreichen Qualifikations- und Endrundenspielen getroffen.

3

Weltmeisterschaft: Polen erreichte dreimal das Halbfinale der Weltmeisterschaft: 1974, 1982 und 1986, mit den besten Ergebnissen 1974 und 1982, als das Team jeweils den dritten Platz belegte.

Spitzname

„BIAŁO-CZERWONI"

(DIE WEISS-ROTEN)

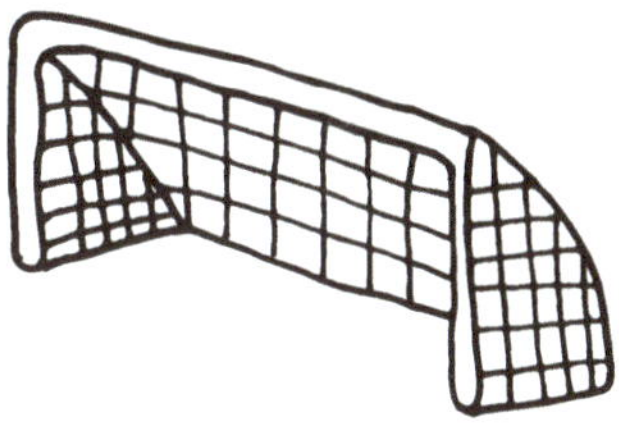

Facts

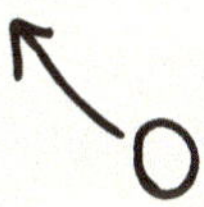

Legendäre Spieler: Neben Robert Lewandowski zählen auch Zbigniew Boniek, Grzegorz Lato und Kazimierz Deyna zu den legendären Figuren des polnischen Fußballs.

146

Rekordspieler: Robert Lewandowski, einer der weltweit führenden Stürmer seiner Generation, ist nicht nur der Top-Torschütze für Polen, sondern auch einer der Spieler mit den meisten Einsätzen.

Polens Spielfeldstrategie: Zwischen Offensivkunst und der Suche nach defensiver Sicherheit

Stärken:

Starker Angriff: Mit einigen hochtalentierten Stürmern und Flügelspielern verfügt Polen über eine gefährliche Offensive, die in der Lage ist, aus jeder Spielsituation heraus Tore zu erzielen. **Physische Präsenz:** Das Team bringt eine beeindruckende physische Stärke auf das Spielfeld, was besonders in Luftduellen und bei Standardsituationen zum Vorteil wird. **Teamgeist und Einsatz:** Polen zeigt oft einen bemerkenswerten Teamgeist und Einsatz, der es dem Team ermöglicht, auch in schwierigen Momenten zusammenzuhalten.

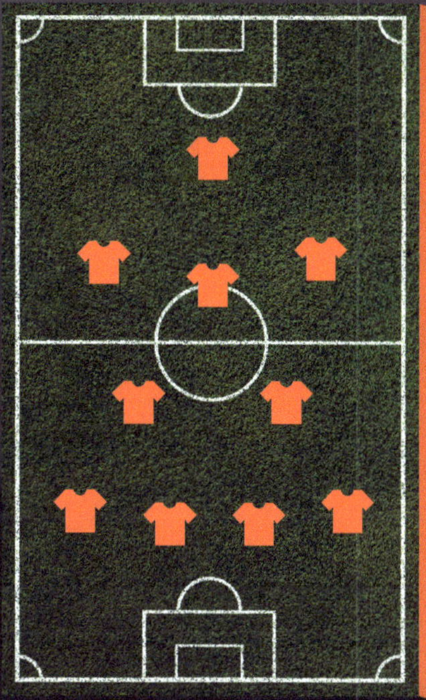

Schwächen:

Inkonstanz in der Defensive: Trotz physischer Stärke zeigt die polnische Abwehr gelegentlich Anfälligkeiten gegen schnelle und technisch versierte Gegner, was zu Inkonsistenzen führt. **Kreativität im Mittelfeld:** Während das Mittelfeld gut in der Lage ist, das Spiel physisch zu dominieren, fehlt es manchmal an der nötigen Kreativität, um dichte Abwehrreihen zu durchbrechen. **Abhängigkeit von Schlüsselspielern:** Polens Leistung hängt stark von der Form und Verfügbarkeit einiger Schlüsselspieler ab, deren Ausfall das Team spürbar schwächen kann.

Spielstil:

Die polnische Nationalmannschaft zeichnet sich durch einen dynamischen und physisch starken Spielstil aus, der auf schnellen, direkten Angriffen über die Flügel und einem robusten Einsatz im Mittelfeld basiert. Polen setzt auf die Stärken seiner Schlüsselspieler im Angriff, um durch schnelle Vorstöße und präzise Flanken gefährliche Situationen zu schaffen. Gleichzeitig legt das Team Wert auf eine solide defensive Organisation, um den Gegner vom eigenen Tor fernzuhalten und über Konterangriffe effektiv zu sein.

ANGRIFF

Polen verfügt über einen starken Angriff, angeführt von einigen der besten Stürmer in Europa. Ihre Fähigkeit, aus verschiedenen Situationen heraus Tore zu erzielen, gepaart mit einer guten Mischung aus Erfahrung und jugendlicher Energie, macht ihren Angriff besonders gefährlich.

MITTELFELD

Das polnische Mittelfeld ist für seine Arbeitsrate und sein taktisches Verständnis bekannt. Es bietet eine solide Unterstützung für die Defensive und ist gleichzeitig kreativ genug, um die Angriffsbemühungen zu unterstützen. Es gibt jedoch Raum für mehr Konsistenz in der Spielmacherrolle.

ABWEHR

Die Abwehr Polens hat ihre Momente der Stärke, zeigt aber gelegentlich Schwächen in der Konzentration und Geschwindigkeit, besonders gegen hochkarätige internationale Teams. Die Verteidigungslinie profitiert von erfahrenen Spielern, benötigt jedoch weitere Stabilität und Konsistenz.

Polens Adler im Anflug: Eine Mischung aus Angriffsmacht und der Mission zur Festigung der Defensive

Die polnische Nationalmannschaft kombiniert einen kraftvollen Angriff mit einem soliden Mittelfeld und einer verbesserungsfähigen Abwehr, was sie zu einem ernstzunehmenden Gegner macht. Ihre Gesamtbewertung spiegelt ein Team wider, das in der Lage ist, auf hohem Niveau zu konkurrieren, besonders durch die Stärke im Sturm. Die Herausforderung liegt darin, die Abwehr zu festigen und die Mittelfeldleistung zu maximieren, um eine noch stärkere Präsenz auf internationaler Bühne zu erreichen.

NIEDERLANDE

GRUPPE D

„Oranjes Fußballpalette: Wo jedes Spiel ein Gemälde aus Taktik, Talent und leuchtenden Farben wird.“

Polen	–	Niederlande	So. 16. Juni	15:00 Uhr
Niederlande	–	Frankreich	Fr. 21. Juni	21:00 Uhr
Niederlande	–	Österreich	Di. 25. Juni	18:00 Uhr

1988

Europameister 1988: Der größte Erfolg der niederländischen Nationalmannschaft ist der Gewinn der Europameisterschaft 1988 in Deutschland, angeführt von Fußballlegenden wie Ruud Gullit und Marco van Basten.

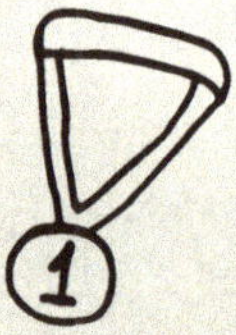

Die „Goldene Generation“: In den späten 1990er und frühen 2000er Jahren hatte die Niederlande eine als „Goldene Generation“ bekannte Gruppe von Spielern, zu der Stars wie Dennis Bergkamp, Clarence Seedorf, und Patrick Kluivert gehörten.

Fun

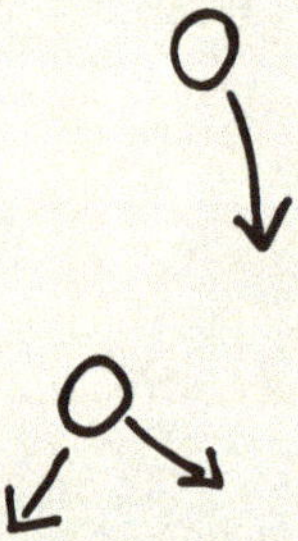

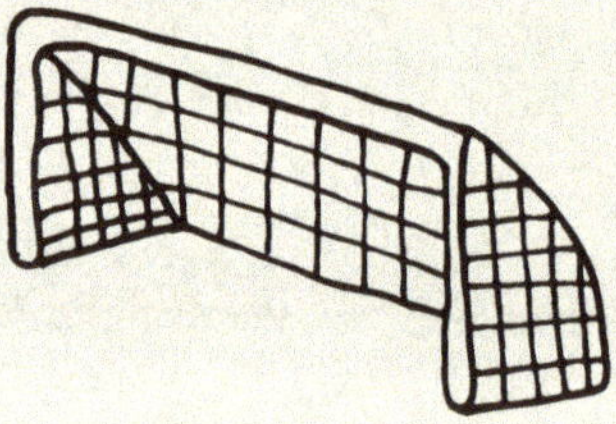

50

Top-Torschütze: Robin van Persie ist der führende Torschütze in der Geschichte der niederländischen Nationalmannschaft mit 50 Toren.

3 Dreimaliger WM-Finalist: Die Niederlande erreichten dreimal das Finale der Weltmeisterschaft (1974, 1978 und 2010), konnten den Titel jedoch nicht gewinnen.

Spitzname

„ORANJE ELFTAL"

(ORANGE ELF)

Facts

Erstes Länderspiel: Das erste offizielle Länderspiel der Niederlande fand am 30. April 1905 gegen Belgien statt, ein Spiel, das die Niederlande mit 4:1 gewannen.

WM-Finale 1978: Ernst Happel führte die niederländische Nationalmannschaft als Trainer zum Finale der Weltmeisterschaft 1978 in Argentinien, wo sie trotz einer Niederlage gegen den Gastgeber ein beeindruckendes Turnier spielten und den zweiten Platz belegten.

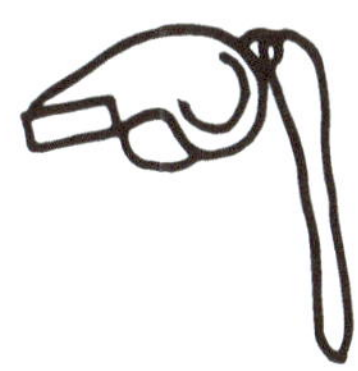

134 Wesley Sneijder hält den Rekord für die meisten Länderspiele (Caps) für die Niederlande mit 134 Einsätzen.

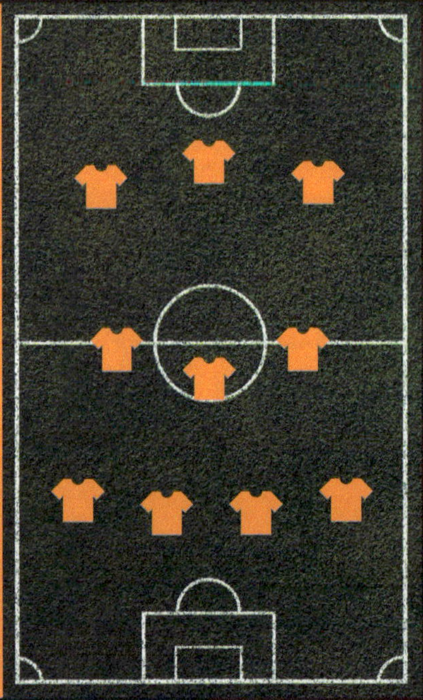

Spielstil:

Die niederländische Nationalmannschaft ist bekannt für ihr Engagement für attraktiven, offensiven Fußball, der auf Ballbesitz, schnellen Pässen und hoher Spielintelligenz basiert. Inspiriert von der legendären „Totalen Fußball" Philosophie, bewegen sich die Spieler flexibel und tauschen Positionen, um den Gegner ständig unter Druck zu setzen. Dieser fließende Stil ermöglicht es, dass Verteidiger in den Angriff eingebunden werden und Stürmer defensive Aufgaben übernehmen, wodurch das Team schwer ausrechenbar wird.

Stärken:

Technische Überlegenheit und Spielaufbau: Die Spieler verfügen über ausgezeichnete technische Fähigkeiten, die es ihnen erlauben, den Ball unter Kontrolle zu halten und präzise Pässe zu spielen. **Mittelfeldkontrolle:** Das Mittelfeld ist oft das Herzstück des Teams, mit Spielern, die das Spiel lesen, den Ball erobern und kreative Lösungen für den Angriff finden können. **Offensive Vielfalt:** Die Niederlande haben eine Vielzahl von Angriffsoptionen, mit Flügelspielern, die für ihre Schnelligkeit und Dribbelkünste bekannt sind, und Stürmern, die physische Präsenz und Abschlussstärke kombinieren. **Jugendentwicklung:** Ein stetiger Zustrom von talentierten jungen Spielern aus erstklassigen Jugendsystemen sorgt für eine gesunde Mannschaftsdynamik und Zukunftssicherheit.

Schwächen:

Defensive Anfälligkeit: Trotz eines starken Kollektivs kann die defensive Organisation manchmal ins Wanken geraten, besonders gegen Teams, die schnelle Konter setzen. **Konsistenz:** Das hohe Niveau zu halten und gegen topinternationale Teams konstant zu performen, bleibt eine Herausforderung. **Umgang mit physisch starken Gegnern:** In Spielen gegen besonders physisch spielende Teams kann das niederländische Team manchmal Schwierigkeiten haben, seine spielerische Dominanz auszuüben. **Psychologischer Druck:** Die Geschichte und Erwartungen können manchmal eine zusätzliche psychologische Belastung darstellen, besonders in Schlüsselmomenten großer Turniere.

Oranjes elegantes Fußballballett: Zwischen technischer Brillanz und der Suche nach defensiver Balance

5

GESAMT

ANGRIFF	MITTELFELD	ABWEHR
5	5	5

ANGRIFF

Die Niederlande verfügen über einen starken und vielseitigen Angriff, geprägt durch technisch versierte Spieler, die sowohl individuelle Duelle gewinnen als auch effektiv im Team zusammenarbeiten können. Ihre Fähigkeit, aus verschiedenen Situationen heraus Torgefahr zu erzeugen, macht sie besonders gefährlich.

MITTELFELD

Das Herzstück des niederländischen Teams ist ihr kreatives Mittelfeld, das für seine Spielintelligenz, Passgenauigkeit und Fähigkeit, das Spiel zu kontrollieren, bekannt ist. Die Spieler in diesem Bereich sind in der Lage, sowohl defensive Aufgaben zu übernehmen als auch den Angriff mit präzisen Pässen und Durchbrüchen zu unterstützen.

ABWEHR

Während die niederländische Verteidigung über talentierte Spieler verfügt und phasenweise solide Leistungen zeigt, hat sie in der Vergangenheit gelegentlich Schwächen offenbart, insbesondere gegen Teams, die schnelle und agile Stürmer in ihren Reihen haben. Die Organisation und das kollektive Defensivverhalten sind Bereiche, die Verbesserungspotenzial aufzeigen.

Oranjes kunstvolles Spiel: Zwischen Mittelfeldzauber und Angriffs-dynamik auf dem Weg zur Perfektion

Die niederländische Nationalmannschaft glänzt mit einem außergewöhnlich kreativen Mittelfeld und einem dynamischen Angriff, die das Team zu einem der spektakulärsten im internationalen Fußball machen. Obwohl die Abwehr gelegentlich Anlass zur Sorge gibt, kompensiert die Gesamtleistung des Teams diese Schwächen, was die Niederlande zu einem ernstzunehmenden Konkurrenten auf jeder Bühne macht. Ihre Fähigkeit, Spielkontrolle und offensive Brillanz zu vereinen, signalisiert eine Mannschaft, die sowohl in der Gegenwart als auch in der Zukunft viel verspricht.

19
19

ÖSTERREICH

GRUPPE D

„Walzernde Wadln, Angriff der Alpenadler: Österreichs kühne Kicker auf Europas Rasen.“

Österreich	-	Frankreich	Mo. 17. Juni	21:00 Uhr
Polen	-	Österreich	Fr. 21. Juni	18:00 Uhr
Niederlande	-	Österreich	Di. 25. Juni	18:00 Uhr

44

Top-Torschütze: Anton „Toni" Polster ist mit 44 Toren der führende Torschütze in der Geschichte der österreichischen Nationalmannschaft.

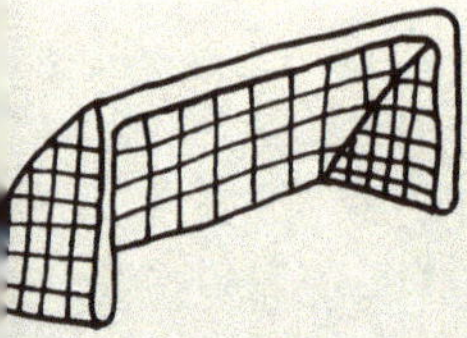

Erste Europameisterschaftsteilnahme: Österreich qualifizierte sich erstmals 2008 für die Europameisterschaft, als das Land zusammen mit der Schweiz Gastgeber des Turniers war.

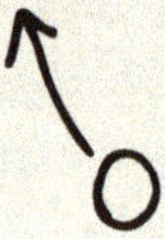

Fun

3.

Bestes WM-Ergebnis: Das beste Ergebnis bei einer Weltmeisterschaft erzielte Österreich 1954 in der Schweiz, als die Mannschaft den dritten Platz belegte, nachdem sie im kleinen Finale Deutschland mit 3:1 besiegte.

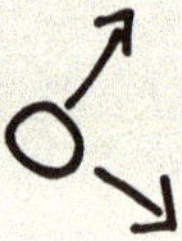

111

Rekordspieler: Marko Arnautović hält den Rekord für die meisten Einsätze (Caps) in der österreichischen Nationalmannschaft mit 111 Länderspielen.

Ungeschlagene Qualifikation: Für die Europameisterschaft 2016 in Frankreich qualifizierte sich Österreich mit einer beeindruckenden Bilanz von neun Siegen und einem Unentschieden, was ihre bisher beste Qualifikationsleistung darstellt.

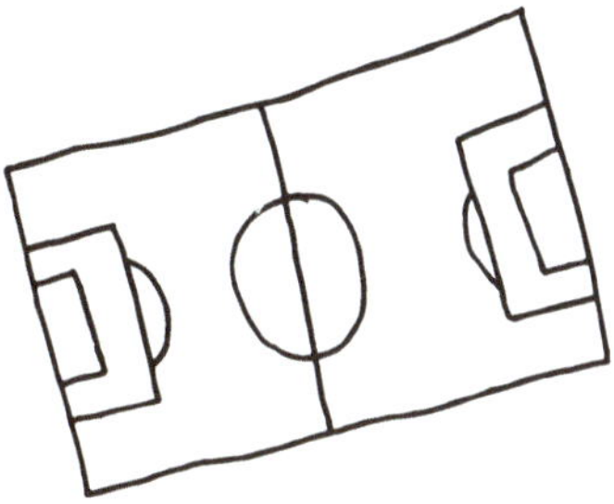

Legendäre Spieler: Zu den legendärsten Spielern, die das österreichische Nationaltrikot getragen haben, gehören Namen wie Matthias Sindelar, bekannt als „Der Papierene“, Hans Krankl, Toni Polster, Andreas Herzog und Herbert Prohaska, einer der bedeutendsten Mittelfeldspieler Österreichs.

Facts

Das Wunder von Córdoba: Österreichs unvergesslicher 3:2-Sieg gegen den Titelverteidiger Deutschland bei der Weltmeisterschaft 1978 bleibt einer der stolzesten Momente in der Fußballgeschichte des Landes, symbolisch gefeiert als „Das Wunder von Córdoba“.

1902

Erstes Länderspiel: Das erste offizielle Länderspiel Österreichs fand am 12. Oktober 1902 statt, ein 5:0-Sieg gegen Ungarn in Wien.

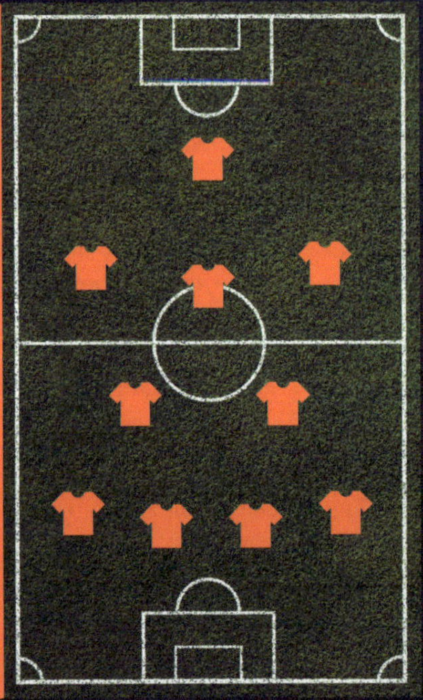

Stärken:

Kreatives Mittelfeld: Eines der Kernstücke der Mannschaft ist das kreative und technisch versierte Mittelfeld, das in der Lage ist, das Spiel zu kontrollieren und entscheidende Pässe zu liefern. **Physische Präsenz:** Die österreichische Mannschaft ist bekannt für ihre physische Präsenz auf dem Spielfeld, die ihr insbesondere bei Standardsituationen Vorteile verschafft. **Taktische Anpassungsfähigkeit:** Die Fähigkeit, die Taktik je nach Spielverlauf und Gegner anzupassen, ist eine weitere Stärke, die das Team unberechenbar macht. **Junge Talente:** Eine vielversprechende Gruppe junger Spieler bringt frischen Wind, Energie und neue Ideen in das Team.

Spielstil:

Die österreichische Nationalmannschaft bevorzugt einen dynamischen und vielseitigen Spielstil, der auf schnellem Passspiel, hoher Laufbereitschaft und taktischer Flexibilität basiert. Sie versuchen, das Spiel aus einer stabilen Defensive heraus aufzubauen, setzen auf die Kreativität ihres Mittelfelds und suchen nach Möglichkeiten für schnelle Vorstöße über die Flügel, um ihre Stürmer in Szene zu setzen. Österreichs Team legt großen Wert auf Teamarbeit und Disziplin, um sowohl in der Defensive als auch in der Offensive effektiv zu agieren.

Schwächen:

Abschlussschwäche: Trotz guter Chancenerarbeitung mangelt es gelegentlich an Effizienz im Abschluss, was in entscheidenden Momenten zum Hindernis werden kann. **Konstanz:** Die Mannschaft kämpft manchmal mit der Konstanz in ihren Leistungen, besonders gegen hochkarätige Gegner. **Defensive Anfälligkeiten:** Obwohl die Abwehr im Allgemeinen solide ist, zeigen sich gelegentlich Schwächen in der Organisation und bei der Abwehr schneller Konterangriffe. **Psychologischer Druck:** Die Fähigkeit, in kritischen Spielphasen und bei großen Turnieren unter Druck zu performen, ist ein Bereich, der Verbesserungspotenzial aufweist.

Österreichs Fußballstrategie: Auf dem Weg zur Balance zwischen Angriffsmut und defensiver Zuverlässigkeit

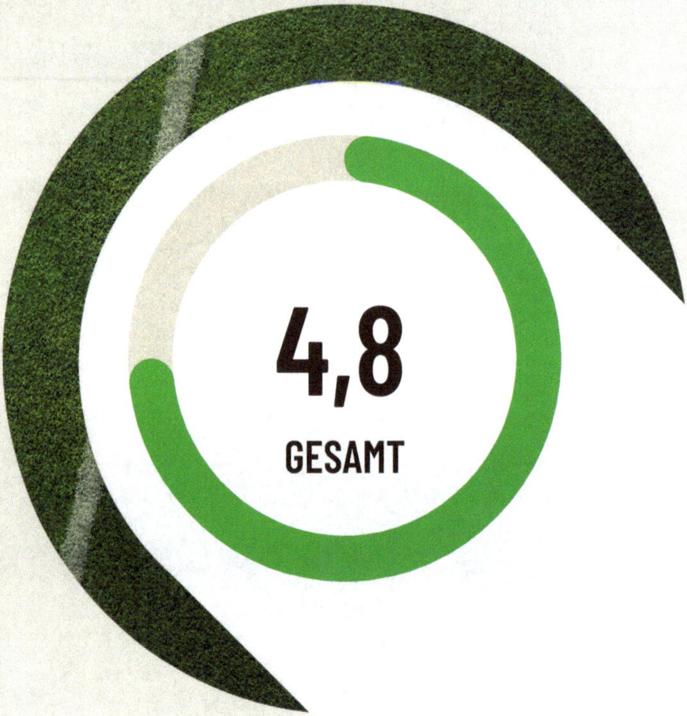

ANGRIFF

Österreichs Angriff zeichnet sich durch Vielseitigkeit und Kreativität aus, gestützt von Spielern, die in starken europäischen Ligen aktiv sind. Sie verfügen über die Fähigkeit, sowohl aus dem Spiel heraus als auch durch Standardsituationen Gefahr zu erzeugen, auch wenn die Effizienz vor dem Tor noch gesteigert werden könnte.

MITTELFELD

Das Mittelfeld ist wahrscheinlich der stärkste Bereich der österreichischen Mannschaft, mit einer guten Mischung aus defensiver Stabilität und offensiver Kreativität. Spieler in diesem Bereich sind technisch versiert und taktisch diszipliniert, was Österreich ermöglicht, gegen starke Gegner zu konkurrieren und das Spieltempo zu kontrollieren.

ABWEHR

Die Defensive zeigt sich insgesamt solide und gut organisiert, mit der Fähigkeit, Druck von gegnerischen Mannschaften standzuhalten. Obwohl die Abwehrreihe überwiegend zuverlässig ist, gibt es gelegentlich Momente der Anfälligkeit, besonders gegen sehr schnelle oder technisch hochversierte Angreifer.

Österreichs Adler im Aufwind: Zwischen traditioneller Stärke und neuem Elan

Die österreichische Fußballnationalmannschaft zeigt sich als ein Team mit soliden Qualitäten, das in allen Bereichen Potenzial zur Weiterentwicklung hat. Mit einem kampfstarken Angriff, einem kreativen Mittelfeld, das sowohl die Defensive stützt als auch offensive Akzente setzt, und einer Abwehr, die Stabilität anstrebt, beweist Österreich Durchhaltevermögen und die Fähigkeit, sich Herausforderungen zu stellen. Die Gesamtbewertung spiegelt ein Team wider, das auf dem Weg ist, seine Spielweise weiter zu verfeinern und sich auf internationaler Ebene zu behaupten, mit dem klaren Ziel, die Zusammenarbeit und Effektivität in jedem Bereich zu verbessern.

FRANKREICH

GRUPPE D

„Frankreichs Eleganz am Ball: Eine Symphonie aus Stärke, Geschwindigkeit und raffinierter Taktik."

Österreich	-	Frankreich	Mo. 17. Juni	21:00 Uhr
Niederlande	-	Frankreich	Fr. 21. Juni	21:00 Uhr
Frankreich	-	Polen	Di. 25. Juni	18:00 Uhr

19

2

„Les Bleus" gewannen die Europameisterschaft zweimal, 1984 unter der Führung von Michel Platini und 2000 durch einen Golden Goal-Sieg im Finale gegen Italien.

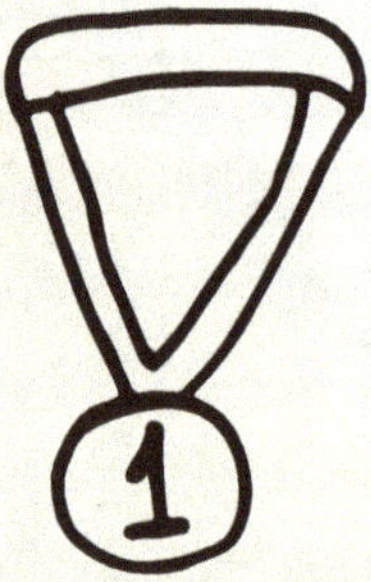

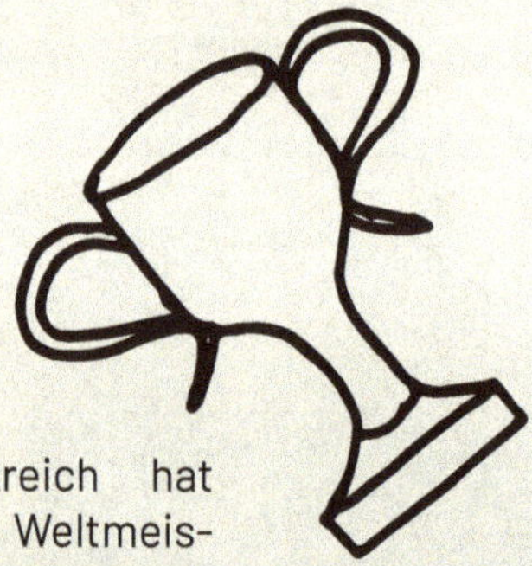

2

Frankreich hat die Weltmeisterschaft zweimal gewonnen, 1998 im eigenen Land und 2018 in Russland.

Fun

Jüngster Spieler und Torschütze: Kylian Mbappé wurde zu einem der jüngsten Spieler und Torschützen in der Geschichte der französischen Nationalmannschaft, als er mit 18 Jahren international debütierte und traf.

18

57

Top-Torschütze: Olivier Giroud ist mit 57 Toren der führende Torschütze in der Geschichte der französischen Nationalmannschaft.

3:0

Historisches Spiel: Eines der denkwürdigsten Spiele Frankreichs war der 3:0-Sieg über Brasilien im Finale der Weltmeisterschaft 1998, wodurch Frankreich zum ersten Mal Weltmeister wurde.

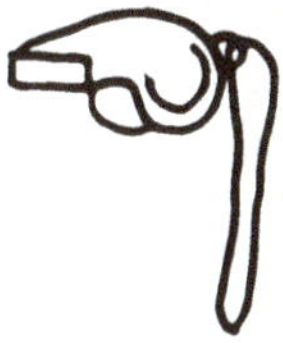

Spitzname

„LES BLEUS"

(NACH DEN TRADITIONELL BLAUEN TRIKOTS)

Facts

Revolutionäre Taktiken: Unter Trainer Michel Hidalgo und später unter Aimé Jacquet entwickelte Frankreich einen fließenden, angriffslustigen Stil, der auf Technik und Kollektivspiel basierte, was ihnen den Spitznamen „les Bleus" einbrachte und den Weg zum Erfolg bei der Heim-WM 1998 ebnete.

145

Rekordspieler: Hugo Lloris hält den Rekord für die meisten Länderspiele (Caps) für die französische Nationalmannschaft mit 145 Einsätzen.

Stärken:

Individuelle Qualität: Frankreich verfügt über einige der weltbesten Spieler in seinen Reihen, deren individuelle Fähigkeiten oft den Unterschied in engen Spielen ausmachen. **Tiefe des Kaders:** Die beeindruckende Tiefe des Kaders ermöglicht es dem Trainer, verschiedene Taktiken anzuwenden und auf Verletzungen oder Sperren flexibel zu reagieren. **Physische und technische Fähigkeiten:** Die Spieler kombinieren physische Stärke mit außergewöhnlicher Technik, was sie in der Luft und am Boden gefährlich macht. **Defensive Organisation:** Frankreichs Abwehr steht meist sicher und organisiert, unterstützt von weltklasse Torhütern, was das Team sehr schwer zu bezwingen macht.

Spielstil:

Die französische Mannschaft zeichnet sich durch einen dynamischen und flexiblen Spielstil aus, der auf schnellen Angriffen, technischer Raffinesse und einer starken physischen Präsenz basiert. „Les Bleus" bevorzugen ein balanciertes Spiel, das sowohl auf Ballbesitz als auch auf effektive Gegenangriffe setzt. Ihre Taktik nutzt die Geschwindigkeit und Technik der Flügelspieler

Schwächen:

Konsistenz: Trotz ihrer Stärke kann die Mannschaft manchmal an Konsistenz mangeln, besonders in Spielen, in denen sie als klarer Favorit gilt. **Umgang mit hohem Druck:** In Momenten hohen Drucks und in entscheidenden Spielen hat das Team gelegentlich Schwierigkeiten gezeigt, seine beste Leistung abzurufen. **Übermäßige Abhängigkeit von Schlüsselspielern:**

Les Bleus: Meisterwerk in Blau – wo Weltklasse auf jeder Position den Ton angibt

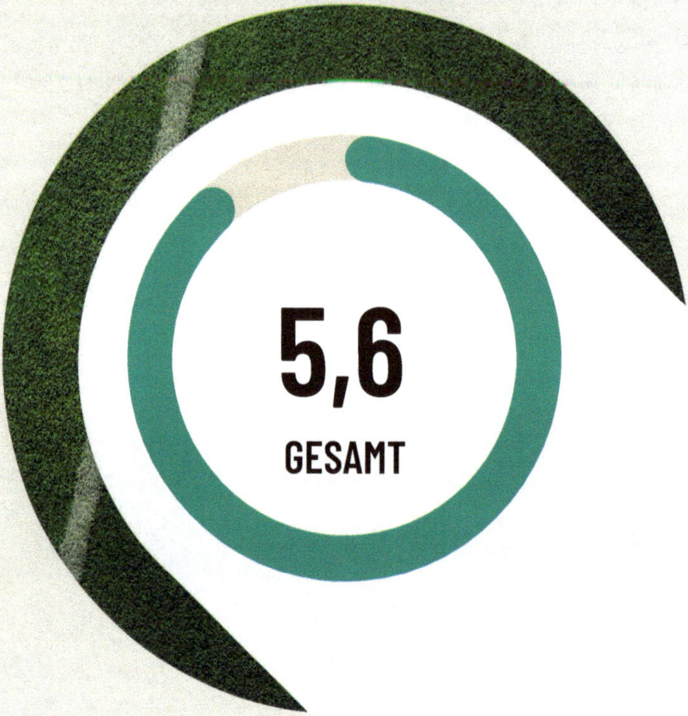

ANGRIFF

MITTELFELD

ABWEHR

Frankreichs Angriff ist Weltklasse, mit einer Fülle an talentierten Stürmern, die sowohl in der Tiefe als auch in der Breite beeindrucken. Ihre Fähigkeit, aus fast jeder Situation Tore zu erzielen, wird durch ihre Geschwindigkeit, Technik und Abschlussstärke unterstrichen.

Das französische Mittelfeld ist sowohl robust als auch kreativ, was es ihnen erlaubt, Spiele zu kontrollieren und die Offensive als auch die Defensive effektiv zu unterstützen. Spieler in diesem Bereich bringen ein hohes Maß an Spielintelligenz und Vielseitigkeit mit, was Frankreichs Spiel enorm bereichert.

Die Verteidigung Frankreichs ist stark und zuverlässig, geprägt von Spielern, die sowohl in ihren Klubs als auch international auf höchstem Niveau agieren. Trotz gelegentlicher Schwankungen in der Konsistenz ist die französische Defensive schwer zu durchbrechen und zeigt eine beeindruckende Fähigkeit, unter Druck zu agieren.

Frankreichs Fußballdynastie: Eine blendende Kombination aus Angriffskunst, Mittelfeldzauberei und Verteidigungsstärke

Die französische Fußballnationalmannschaft präsentiert sich als eine der stärksten Mannschaften weltweit, mit herausragenden Fähigkeiten in jedem Bereich des Spielfelds. Mit einem Angriff, der durch Vielfalt und Effektivität beeindruckt, einem Mittelfeld, das Spielkontrolle und Kreativität vereint, sowie einer Verteidigung, die sowohl solide als auch anpassungsfähig ist, stehen „Les Bleus" verdient an der Spitze des internationalen Fußballs. Ihre Gesamtbewertung spiegelt ein Team wider, das sowohl die taktische Disziplin als auch das individuelle Talent besitzt, um auf höchstem Niveau zu konkurrieren und sich in jedem Wettbewerb als ernsthafter Titelanwärter zu präsentieren.

BELGIEN

GRUPPE E

„Belgiens Fußball-zauberer (Teufel): Zwischen taktischer Meisterschaft und der Suche nach dem ultimativen Erfolg.“

Belgien	-	Slowakei	Mo. 17. Juni	18:00 Uhr
Belgien	-	Rumänien	Sa. 22. Juni	21:00 Uhr
Ukraine	-	Belgien	Mi. 26. Juni	18:00 Uhr

2.

Europameisterschaft: Belgien erreichte 1980 das Finale der UEFA-Europameisterschaft in Italien, verlor jedoch gegen Deutschland und wurde somit Zweiter.

Weltmeisterschaft 2018: Bei der Weltmeisterschaft 2018 in Russland erreichte Belgien den dritten Platz, den höchsten in seiner WM-Geschichte, nach einem 2:0-Sieg im Spiel um Platz drei gegen England.

Fun

153

Rekordspieler: Jan Vertonghen hält den Rekord für die meisten Einsätze in der belgischen Nationalmannschaft, mit über 153 Länderspielen.

83

Top-Torschütze: Romelu Lukaku ist mit 83 Toren der führende Torschütze in der Geschichte der belgischen Nationalmannschaft.

Spitzname

„RED DEVILS“

(ROTE TEUFEL)

Facts

Legendäre Spieler: Belgien hat im Laufe der Jahre viele herausragende Fußballer hervorgebracht, darunter Enzo Scifo, Jan Ceulemans und Eden Hazard, deren Leistungen das belgische Fußballerbe geprägt haben.

17

Jüngster Spieler: Christian Benteke war der jüngste Spieler, der jemals für die belgische Nationalmannschaft gespielt hat, als er im Mai 2010 mit 17 Jahren und 55 Tagen debütierte.

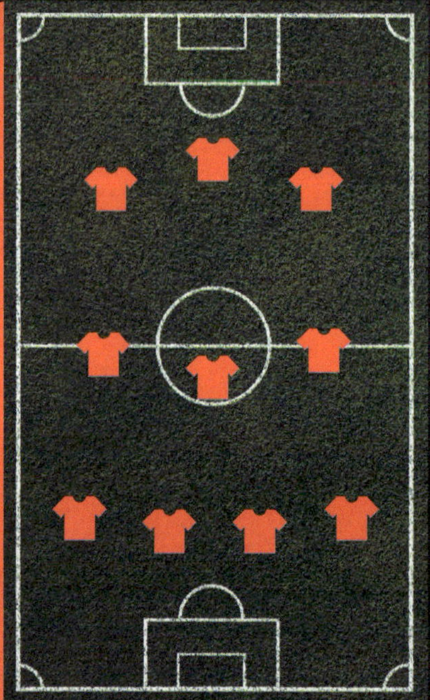

Spielstil:

Die belgische Nationalmannschaft, oft als Teil der „Goldenen Generation" bezeichnet, ist bekannt für ihren dynamischen und flexiblen Spielstil, der technische Fähigkeiten, physische Stärke und taktische Intelligenz kombiniert. Belgien bevorzugt ein System, das auf Ballbesitz basiert, mit schnellem Umschaltspiel und effektiven Flügelangriffen. Durch die Nutzung ihrer starken individuellen Spieler in Schlüsselpositionen sind sie in der Lage, sowohl durch das Zentrum als auch über die Flügel Druck auszuüben, was ihnen verschiedene Möglichkeiten im Angriff bietet.

Stärken:

Individuelle Klasse: Belgien verfügt über einige der weltbesten Spieler in fast jeder Position, die sowohl auf Klubebene als auch international Erfahrung haben. **Offensive Vielfalt:** Mit ihrer Fähigkeit, aus unterschiedlichen Situationen Tore zu erzielen, stellt die Offensive Belgiens eine ständige Bedrohung dar. **Taktische Flexibilität:** Der Trainerstab hat erfolgreich ein System etabliert, das die Stärken seiner Schlüsselspieler maximiert und gleichzeitig taktische Anpassungen gegen verschiedene Gegner ermöglicht. **Starke Mittelfeldkontrolle:** Das Mittelfeld kombiniert Kreativität mit physischer Präsenz, was Belgien ermöglicht, Spiele zu dominieren und den Rhythmus des Spiels zu bestimmen.

Schwächen:

Verteidigungsanfälligkeiten: Trotz talentierter Spieler in der Abwehr hat Belgien gelegentlich Schwierigkeiten gezeigt, gegen hochkalibrige Angriffe solide zu verteidigen, insbesondere bei großen Turnieren. **Konsistenz bei großen Turnieren:** Die größte Herausforderung besteht darin, ihre Leistungen in den entscheidenden Momenten großer Wettbewerbe zu konsolidieren und den Erwartungen gerecht zu werden. **Übergang und Erneuerung:** Während einige Schlüsselspieler ihr Karrierehoch erreicht oder überschritten haben, steht Belgien vor der Herausforderung, eine neue Generation einzuführen, die das hohe Niveau halten kann.

Belgiens Glanz auf dem
Spielfeld: Eine goldene Ära
voller Talent, Taktik und dem
Traum von Großem

ANGRIFF

Belgien verfügt über einen der gefährlichsten Angriffe im internationalen Fußball, mit einer beeindruckenden Kombination aus Geschwindigkeit, Technik und Abschlussstärke. Ihre Stürmer sind in der Lage, Spiele mit individuellen Leistungen zu entscheiden.

MITTELFELD

Das belgische Mittelfeld zeichnet sich durch eine hohe Spielintelligenz, exzellente Passfähigkeiten und taktische Flexibilität aus. Spieler in diesem Bereich können das Spielgeschehen dominieren und sowohl offensiv als auch defensiv wichtige Impulse setzen.

ABWEHR

Während die belgische Verteidigung über erfahrene und physisch starke Spieler verfügt, hat sie in der Vergangenheit gezeigt, dass sie gegen sehr agile und schnelle Angreifer anfällig sein kann. Trotz dieser Schwachstellen bleibt die Defensive solide und ist durchaus in der Lage, gegen Top-Teams zu bestehen.

Belgiens Goldene Generation: Zwischen Weltklasse-Talent und dem Streben nach dem ultimativen Triumph

Die belgische Fußballnationalmannschaft, auch bekannt als „Die Roten Teufel", kombiniert hochtalentierte Spieler in einer dynamischen Mischung, die sie zu einer der führenden Mannschaften im internationalen Fußball macht. Mit einem Angriff, der durch seine Vielseitigkeit und Torgefahr besticht, einem Mittelfeld, das sowohl für seine kreativen als auch für seine defensiven Fähigkeiten bekannt ist, und einer Abwehr, die trotz gelegentlicher Schwächen über solide und weltklasse Verteidiger verfügt, präsentiert sich Belgien als ein ernstzunehmender Gegner auf jeder Bühne. Die Gesamtbewertung spiegelt ein Team wider, das in der Lage ist, seine individuellen Talente erfolgreich in eine starke Teamleistung zu integrieren, wodurch die belgische Mannschaft sowohl in Europa als auch weltweit als eine Top-Mannschaft gilt.

8

SLOWAKEI

GRUPPE E

„Slowakeis Fußballkunst: Zwischen Herausforderung und Hoffnung auf Europas Bühnen."

Belgien	-	Slowakei	Mo. 17. Juni	18:00 Uhr
Slowakei	-	Ukraine	Fr. 21. Juni	15:00 Uhr
Slowakei	-	Rumänien	Mi. 26. Juni	18:00 Uhr

26

Top-Torschütze: Marek Hamšík führt die Liste der Top-Torschützen an, mit über 26 internationalen Toren für die Slowakei.

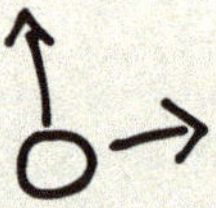

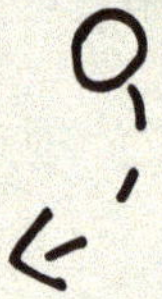

Erstes Länderspiel: Das erste offizielle Länderspiel der Slowakei fand 1994 statt, ein 1:0-Sieg gegen die Vereinigten Arabischen Emirate.

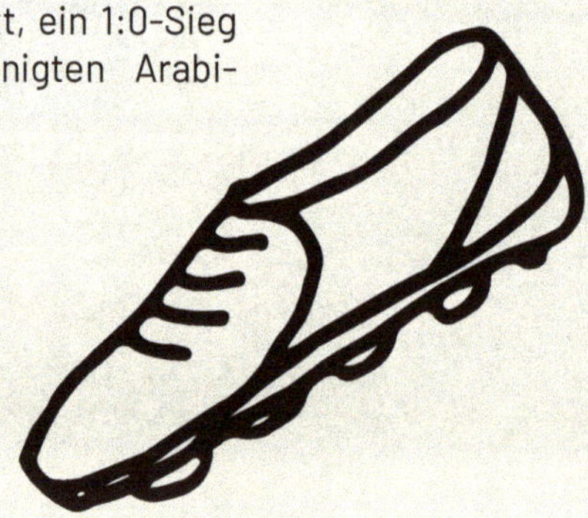

1/8

UEFA-Europameisterschaft: Die Slowakei erreichte bei ihrer ersten Europameisterschaftsteilnahme 2016 das Achtelfinale. Sie besiegten Russland in der Gruppenphase und zogen mit vier Punkten in die K.-o.-Runde ein.

3:2

Weltmeisterschaftsdebüt: Bei der Weltmeisterschaft 2010 in Südafrika besiegte die Slowakei Italien, den Titelverteidiger von 2006, mit 3:2 in einem entscheidenden Gruppenspiel, um ins Achtelfinale einzuziehen, wo sie gegen die Niederlande ausschieden.

Spitzname

„SOKOLI"

(FALKEN)

Facts

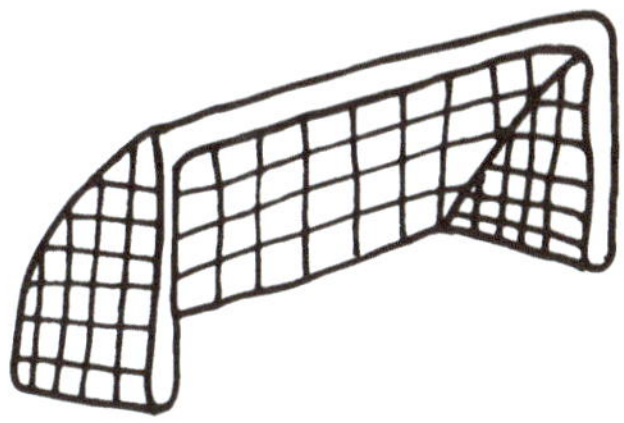

Gründung des Fußballverbandes: Der Slowakische Fußballverband (SFZ) wurde 1938 gegründet, obwohl er nach dem Zweiten Weltkrieg und der Gründung der Tschechoslowakei aufgelöst und erst nach der Teilung der Tschechoslowakei im Jahr 1993 wiederbelebt wurde.

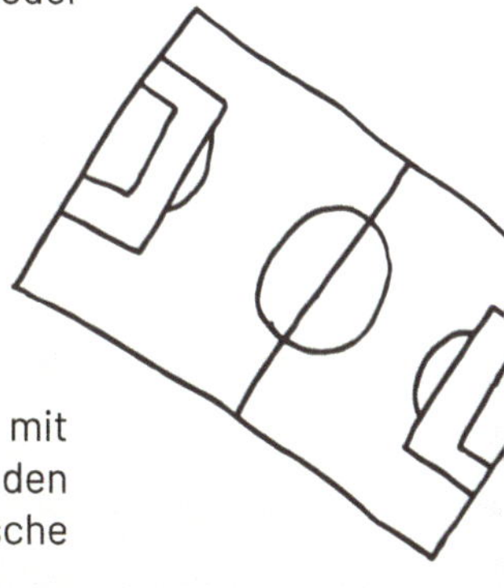

138

Rekordspieler: Marek Hamšík ist mit 138 Länderspielen der Spieler mit den meisten Einsätzen für die slowakische Nationalmannschaft.

Die Slowakei auf dem Spielfeld: Ein Balanceakt zwischen Mittelfeldstrategie und dem Funken in der Offensive

Stärken:

Kompakte Defensive: Die Fähigkeit, defensiv solide zu stehen und den Gegner unter Druck zu setzen, ist ein Schlüsselaspekt ihres Spiels. **Erfahrung im Mittelfeld:** Mit erfahrenen Mittelfeldspielern kann die Slowakei das Spieltempo kontrollieren und sowohl defensive Stabilität als auch offensive Kreativität bieten. **Physische Präsenz:** Die physische Stärke vieler Spieler ist besonders bei Standardsituationen und in der Luft ein Vorteil. **Gegenangriffe:** Die Mannschaft ist bekannt für ihre Fähigkeit, schnell umzuschalten und aus Gegenangriffen Gefahr zu erzeugen.

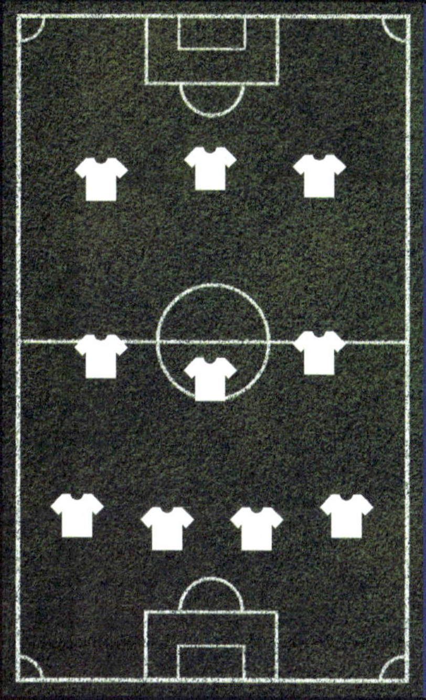

Schwächen:

Torgefahr: Es fehlt manchmal an einem konstanten Torinstinkt, was in Spielen gegen gleichwertige oder stärkere Teams zum Problem werden kann. **Kreativität unter Druck:** Gegen Teams, die den Ballbesitz dominieren, kann es der Slowakei an kreativen Lösungen mangeln, um sich Chancen zu erarbeiten. **Schnelligkeit in der Defensive:** Schnelle und agile Angreifer können die defensiven Linien herausfordern und sind eine Schwachstelle. **Konsistenz über 90 Minuten:** Die Aufrechterhaltung der Leistung und der Konzentration über die volle Spielzeit ist ein Bereich, der verbessert werden könnte.

Spielstil:

Die slowakische Fußballnationalmannschaft zeichnet sich durch einen pragmatischen Spielstil aus, der auf Disziplin, Organisation und effektiven Gegenangriffen basiert. Die Slowakei nutzt gerne die physische Stärke ihrer Spieler, um in der Defensive kompakt zu stehen und auf Chancen für schnelle Vorstöße zu lauern. Ihr Spiel ist oft auf die Nutzung der Flügel ausgerichtet, um Bälle in den Strafraum zu bringen, wobei das Mittelfeld eine zentrale Rolle bei der Verbindung von Verteidigung und Angriff spielt.

ANGRIFF

Der Angriff der Slowakei zeigt Potential, besonders mit einigen talentierten Spielern, die in europäischen Ligen spielen. Es mangelt jedoch gelegentlich an Konstanz und der Fähigkeit, in Schlüsselmomenten Tore zu erzielen.

MITTELFELD

Das Mittelfeld ist oft die Stärke des Teams, mit einer guten Mischung aus Erfahrung und Jugend. Spieler in diesem Bereich sind in der Lage, sowohl offensiv kreativ zu sein als auch defensive Aufgaben zu übernehmen, was dem Team Stabilität verleiht.

ABWEHR

Die Abwehr der Slowakei ist solide, kann aber unter Druck inkonsequent sein. Während es individuelle Talente gibt, die international Erfahrung gesammelt haben, zeigt die Verteidigungslinie gelegentlich Schwächen gegen schnelle und technisch versierte Angreifer.

Slowakeis Kampfgeist im Rampenlicht: Zwischen Mittelfeldmagie und dem Streben nach Gleichgewicht

Die slowakische Fußballnationalmannschaft präsentiert sich als ein Team mit soliden Grundlagen, das besonders im Mittelfeld seine Stärken ausspielt, unterstützt durch erfahrene Spieler, die das Spielgeschehen prägen können. Während der Angriff und die Verteidigung Bereiche für potenzielle Verbesserungen aufzeigen, indem sie nach größerer Konstanz und Effektivität streben, zeigt die Mannschaft insgesamt eine beachtliche Wettbewerbsfähigkeit. Die Gesamtleistung der Slowakei lässt auf ein Team schließen, das mit der richtigen Entwicklung und Umsetzung ihrer Spielstrategie auf dem europäischen Fußballmarkt weiterhin überraschen und beeindrucken kann.

RUMÄNIEN

GRUPPE E

„Wo Leidenschaft auf das Spielfeld trifft und jede Partie ein neues Kapitel unserer stolzen Geschichte schreibt."

Rumänien	-	Ukraine	Mo. 17. Juni	15:00 Uhr
Belgien	-	Rumänien	Sa. 22. Juni	21:00 Uhr
Slowakei	-	Rumänien	Mi. 26. Juni	18:00 Uhr

10
10

35

Top-Torschütze: Gheorghe Hagi, einer der bekanntesten rumänischen Fußballer, ist mit 35 Toren einer der führenden Torschützen der Nationalmannschaft. Er teilt sich diesen Rekord mit Adrian Mutu.

Erstes Länderspiel: Das erste offizielle Länderspiel der rumänischen Nationalmannschaft fand am 8. Juni 1922 statt, ein 2:1-Sieg gegen Jugoslawien.

134

Rekordspieler: Dorinel Munteanu ist mit 134 Einsätzen der Spieler mit den meisten Länderspielen für Rumänien.

1/4

Bestes WM-Ergebnis: Das beste Ergebnis bei einer Weltmeisterschaft erzielte Rumänien 1994 in den USA, als die Mannschaft das Viertelfinale erreichte.

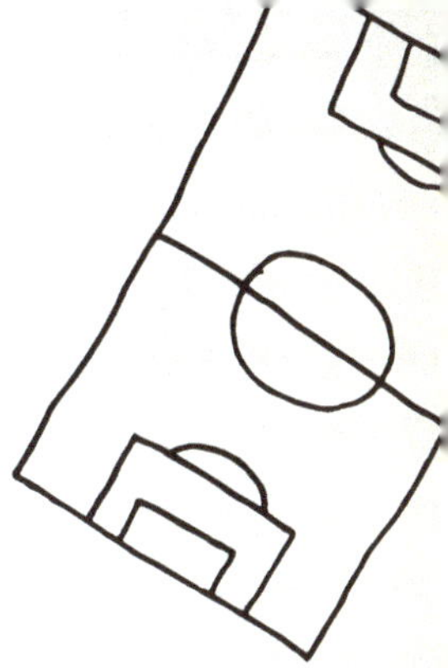

Spitzname

„TRICOLORII"

(DIE DREIFARBIGEN)

Facts

Erste Teilnahme an der Europameisterschaft: Rumänien qualifizierte sich 1984 zum ersten Mal für die Europameisterschaft und hat seitdem an mehreren Europameisterschaften teilgenommen, mit der besten Leistung im Jahr 2000, als das Team das Viertelfinale erreichte.

Weltmeisterschaften: 7 Teilnahmen
Europameisterschaften: 5 Teilnahmen
Höchster Sieg: 9:0 gegen Finnland, 1973.
Höchste Niederlage: 0:9 gegen Ungarn, 1948

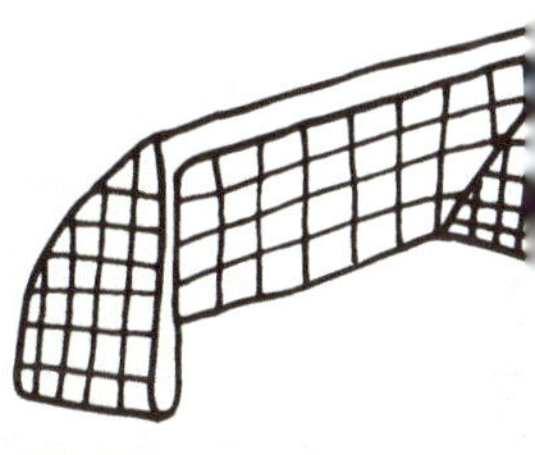

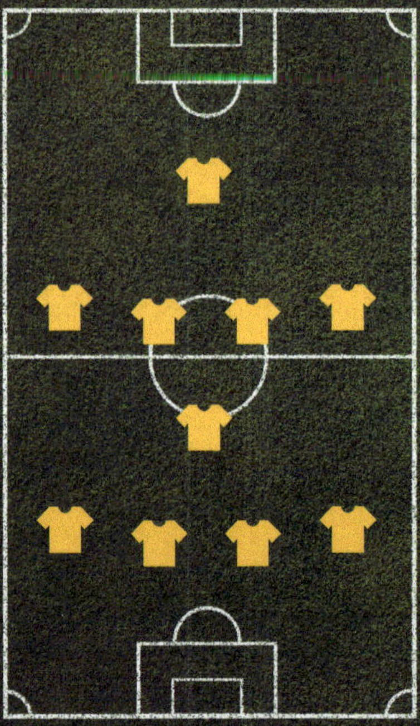

Spielstil:

Die rumänische Fußballnationalmannschaft kombiniert traditionell technische Finesse mit taktischer Disziplin, was ihren Spielstil definiert. Sie bevorzugt ein ausgewogenes Spiel, das auf Ballbesitz basiert, mit dem Ziel, über das Mittelfeld methodisch Angriffe aufzubauen. Rumänien setzt auf die Integration von schnellen Flügelangriffen und die Nutzung der Kreativität ihrer Mittelfeldspieler, um Chancen zu kreieren. Defensive Stabilität wird großgeschrieben, wobei das Team versucht, kompakt zu stehen und die Räume eng zu halten.

Stärken:

Technisches Können: Die Spieler verfügen über eine ausgezeichnete Ballkontrolle und Technik, was es ihnen ermöglicht, auch unter Druck präzise zu spielen. **Mittelfeldkreativität:** Das Mittelfeld ist das Zentrum der Kreativität und Stärke, mit Spielern, die sowohl in der Defensive als auch in der Offensive effektiv agieren können. **Taktische Flexibilität:** Der Trainerstab hat eine Mannschaft geformt, die in der Lage ist, sich verschiedenen Spielsituationen anzupassen und verschiedene Formationen zu spielen.

Schwächen:

Abschlussqualität: Es mangelt gelegentlich an Effizienz im Abschluss, was in Spielen gegen gleichwertige oder überlegene Gegner zum Problem werden kann. **Konsistenz:** Die Mannschaft zeigt Schwankungen in ihrer Leistung, sowohl innerhalb einzelner Spiele als auch über längere Zeiträume. **Verteidigung gegen schnelle Angriffe:** Trotz einer allgemein soliden Defensive kann das Team anfällig für schnelle Gegenangriffe und Teams sein, die hohe Geschwindigkeit in der Vorwärtsbewegung nutzen. **Junge Talente:** Während junge Spieler frischen Wind und neue Hoffnungen bringen, fehlt es ihnen manchmal an der internationalen Erfahrung, um konstant auf höchstem Niveau zu performen.

Rumäniens strategisches Puzzlespiel: Zwischen technischer Eleganz und der Suche nach Beständigkeit

ANGRIFF

Der Angriff Rumäniens zeigt Potenzial, besonders mit einigen jungen Talenten, die auf der internationalen Bühne Erfahrungen sammeln. Es mangelt jedoch an Konstanz und Durchschlagskraft gegen stärkere Verteidigungen.

MITTELFELD

Das Mittelfeld ist oft die Stärke des Teams, mit einer guten Mischung aus Erfahrung und Jugend. Die Spieler sind in der Lage, sowohl defensive Aufgaben zu übernehmen als auch den Angriff kreativ zu unterstützen, was dem Spiel Rumäniens Struktur und Vielseitigkeit verleiht.

ABWEHR

Die Verteidigung hat in der Vergangenheit solide Leistungen gezeigt, zeigt aber Schwächen in der Konsistenz und im Umgang mit hochqualitativen Angriffen. Die Organisation und Kommunikation in der Defensive sind Bereiche, die Verbesserungen erfordern.

Rumäniens Fußballkraftwerk: Im Aufbau zwischen Tradition und neuen Hoffnungen

Die rumänische Fußballnationalmannschaft bewegt sich auf einem Pfad der Neuausrichtung, mit einem vielversprechenden Mittelfeld, das das Herzstück des Teams bildet und sowohl für kreative Impulse als auch für Stabilität sorgt. Während der Angriff und die Verteidigung Momentaufnahmen der Entwicklung zeigen und auf eine Steigerung der Konsistenz hinarbeiten, offenbart das solide Mittelfeld Rumäniens sein Potenzial, das Team in zukünftigen Herausforderungen zu tragen. Diese Phase der Transition, in der junge Talente an die Seite erfahrener Veteranen treten, verspricht eine spannende Zukunft für den rumänischen Fußball, mit dem Ziel, die glorreichen Zeiten wieder aufleben zu lassen und auf internationaler Ebene zu glänzen.

UKRAINE

GRUPPE E

„Ukraines dynamische Feldkünstler: Zwischen strategischer Disziplin und schnellem Umschaltspiel."

Rumänien	-	Ukraine	Mo. 17. Juni	15:00 Uhr
Slowakei	-	Ukraine	Fr. 21. Juni	15:00 Uhr
Ukraine	-	Belgien	Mi. 26. Juni	18:00 Uhr

19
1

48

Top-Torschütze: Andriy Shevchenko, einer der berühmtesten ukrainischen Fußballer, ist mit 48 Toren der führende Torschütze der Nationalmannschaft.

Europameisterschaft: Die Ukraine war gemeinsam mit Polen Gastgeber der UEFA Euro 2012, was ihre erste Teilnahme an einer Europameisterschaft als unabhängige Nation markierte.

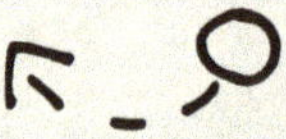

144

Rekordspieler: Anatoliy Tymoshchuk hält mit 144 Einsätzen den Rekord für die meisten Länderspiele für die ukrainische Nationalmannschaft.

1992

Erstes offizielles Länderspiel: Das erste offizielle Länderspiel der Ukraine nach der Unabhängigkeit fand am 29. April 1992 gegen Ungarn statt. Die Ukraine gewann das Spiel mit 3:1.

Spitzname

„SCHOWTO-BLAKYTNI"

(DIE GELB-BLAUEN)

Facts

Legendäre Spieler: Neben Andriy Shevchenko zählen Spieler wie Anatoliy Tymoshchuk und Oleksandr Shovkovskiy zu den Legenden des ukrainischen Fußballs.

Historischer Sieg: Einer der bemerkenswertesten Siege der Ukraine war ein 1:0-Erfolg gegen Spanien in der Qualifikation zur Weltmeisterschaft 2016, was die Fähigkeit der Mannschaft unterstreicht, gegen hochkarätige Gegner zu bestehen.

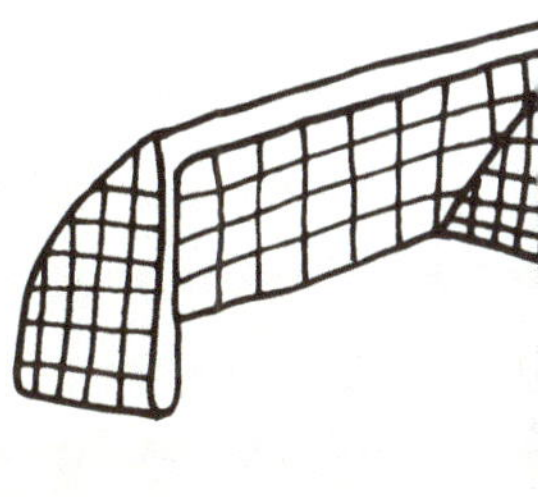

Stärken:

Technische Versiertheit: Besonders im Mittelfeld und Angriff verfügt die Ukraine über Spieler mit hoher technischer Qualität, die in der Lage sind, Spiele zu entscheiden. **Geschwindigkeit im Umschaltspiel:** Die schnellen Flügelangriffe sind eine wesentliche Stärke, die es der Ukraine ermöglicht, Gegner unter Druck zu setzen. **Taktische Flexibilität:** Die Mannschaft kann je nach Spielverlauf und Gegner verschiedene taktische Formationen annehmen, was sie zu einem unberechenbaren Gegner macht. **Defensive Organisation:** Die solide defensive Grundausrichtung hilft der Ukraine, gegen stärkere Mannschaften bestehen zu können.

Spielstil:

Die ukrainische Nationalmannschaft bevorzugt einen dynamischen und flexiblen Spielstil, der auf schnellem Umschaltspiel, technischer Finesse und taktischer Disziplin basiert. Die Mannschaft ist darauf ausgerichtet, den Ball schnell in die Angriffszone zu bringen und dabei die Geschwindigkeit ihrer Flügelspieler und die Kreativität im Mittelfeld zu nutzen. Defensiv legt die Ukraine Wert auf eine straffe Organisation und das schnelle Schließen der Räume, um gegnerische Angriffe effektiv zu unterbinden und Kontersituationen zu kreieren.

Schwächen:

Abschlussschwäche: Trotz guter Chancenerarbeitung mangelt es gelegentlich an Effizienz im Abschluss. **Konsistenz:** Die Leistungen der Mannschaft können schwanken, was besonders in entscheidenden Spielen zu Problemen führen kann. **Erfahrung auf höchstem Niveau:** Während die Ukraine talentierte Spieler hat, fehlt einigen von ihnen die Erfahrung in den Top-Ligen Europas, was in großen Turnieren zum Nachteil werden kann. **Verletzungsanfälligkeit:** Schlüsselspieler sind manchmal verletzungsbedingt nicht verfügbar, was die Teamleistung

Eine Mischung aus Tempo, Taktik und der Herausforderung, an die Spitze zu gelangen

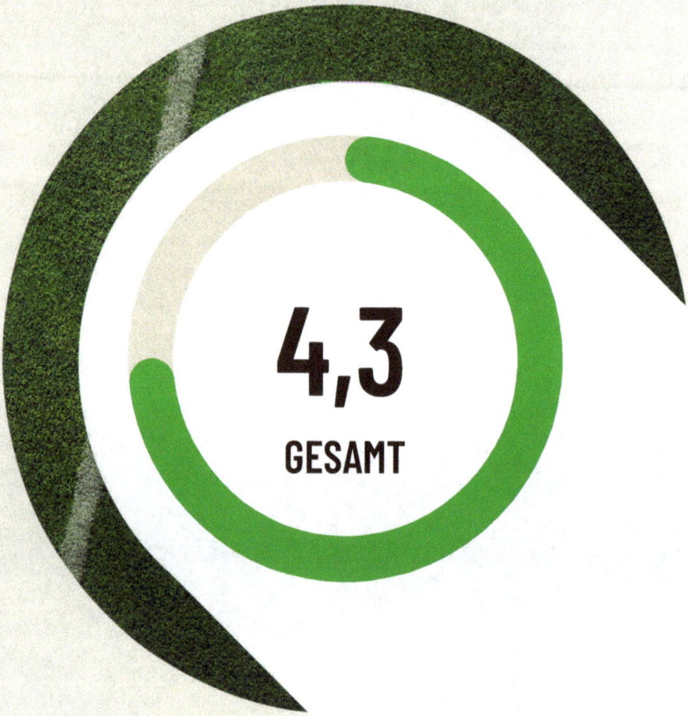

ANGRIFF

Die Ukraine verfügt über einen fähigen Angriff mit Spielern, die sowohl in nationalen Ligen als auch auf internationaler Ebene ihre Torgefährlichkeit unter Beweis gestellt haben. Ihre Stürmer und Flügelspieler sind für ihre Schnelligkeit und technischen Fähigkeiten bekannt.

MITTELFELD

Das Mittelfeld ist eine der Stärken der ukrainischen Mannschaft, mit einer guten Balance aus defensiver Härte und offensiver Kreativität. Die Mittelfeldspieler sind technisch versiert und in der Lage, das Spiel zu lenken sowie effektiv zwischen Verteidigung und Angriff zu vermitteln.

ABWEHR

Die Abwehr der Ukraine ist generell solide und organisiert, mit erfahrenen Verteidigern, die in Top-Ligen in Europa spielen. Obwohl sie gegen sehr starke Gegner manchmal unter Druck geraten können, zeigen sie meist eine gute Zusammenarbeit und Stabilität.

Ukraines Fußballkraft: Zwischen taktischem Geschick und dem Streben nach europäischem Rampenlicht

Die ukrainische Nationalmannschaft verbindet technische Brillanz mit taktischer Präzision und unerschütterlichem Kampfgeist. Ausgestattet mit einem blitzschnellen und einfallsreichen Angriff, einem Mittelfeld, das geschickt zwischen Verteidigung und Offensive wechselt, sowie einer zähen, doch entwicklungsfähigen Abwehr, entfaltet die Ukraine ihr beachtliches Potential. Sie steht als Team bereit, das europäische Fußballgeschehen mit Überraschungen zu bereichern und Herausforderer mit Standhaftigkeit zu begegnen. Vor ihnen liegt die Mission, ihre taktische Ausführung zu verfeinern und in entscheidenden Augenblicken ihre Gelegenheiten meisterhaft zu ergreifen.

12

TÜRKEI

GRUPPE F

„Strategische Vielfalt trifft auf türkischen Kampfgeist: Zwischen Mittelfeldkreativität und dem Drang nach Durchbruch."

Türkei	-	Georgien	Di. 18. Juni	18:00 Uhr
Türkei	-	Portugal	Sa. 22. Juni	18:00 Uhr
Tschechien	-	Türkei	Mi. 26. Juni	21:00 Uhr

1/2

Europameisterschaft: Die Türkei erreichte das Halbfinale der Europameisterschaft 2008, was eine ihrer bedeutendsten Leistungen in europäischen Wettbewerben darstellt.

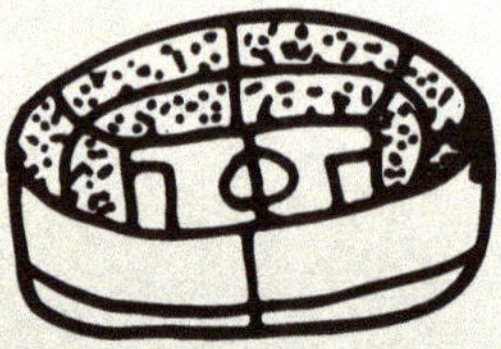

Schnellstes Tor bei einer Weltmeisterschaft: Hakan Şükür erzielte bei der WM 2002 das schnellste Tor in der Geschichte der Weltmeisterschaften, nach nur 11 Sekunden gegen Südkorea.

Fun

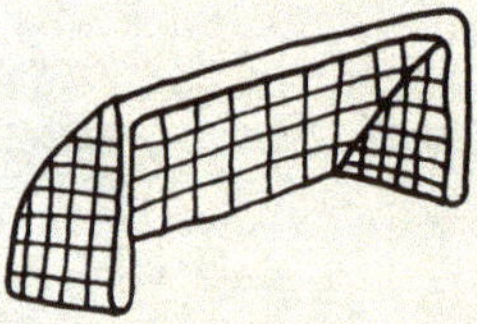

FIFA-Weltrangliste: Die beste Platzierung der Türkei in der FIFA-Weltrangliste war der fünfte Platz im Juni 2004 nach ihrer starken Leistung bei der Europameisterschaft 2004.

51

Top-Torschütze: Hakan Şükür ist der führende Torschütze der Nationalmannschaft mit 51 Toren.

1923

Gründung des Fußballverbands: Der türkische Fußballverband (TFF) wurde 1923 gegründet und ist einer der ältesten Fußballverbände weltweit.

Spitzname

„AY-YILDIZLILAR"

(DIE MOND-STERNE)

Facts

Legendäre Spiele: Eines der denkwürdigsten Spiele der türkischen Nationalmannschaft war der 3:2-Sieg gegen Tschechien bei der Europameisterschaft 2008, bei dem die Türkei einen 0:2-Rückstand in den letzten 15 Minuten des Spiels umkehrte.

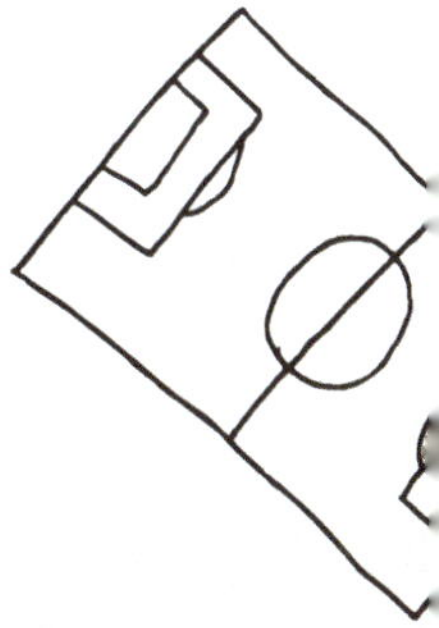

120

Rekordspieler: Rüştü Reçber hält den Rekord für die meisten Einsätze (Caps) in der türkischen Nationalmannschaft mit 120 Spielen.

Türkisches Feuer auf dem Feld: Ein Spiel zwischen Brillanz und Balance

Stärken:

Teamgeist und Leidenschaft: Die türkische Mannschaft bringt eine beeindruckende Leidenschaft und einen starken Teamgeist auf das Feld, der oft den Unterschied in engen Spielen ausmacht. **Technische Fähigkeiten:** Viele Spieler verfügen über ausgezeichnete technische Fähigkeiten, die es ihnen ermöglichen, in Einzelaktionen zu glänzen und das Spiel zu ihren Gunsten zu wenden. **Gegenangriffe:** Durch ihre Fähigkeit zu schnellen und effektiven Gegenangriffen kann die Türkei die Defensive des Gegners unter Druck setzen und aus dem Spiel heraus Tore erzielen. **Physische Stärke:** Das Team nutzt seine physische Stärke, um in der Defensive robust zu stehen und in der Offensive körperbetont zu agieren.

Schwächen:

Defensive Konsistenz: Trotz physischer Stärke zeigt die Defensive gelegentlich Anfälligkeiten gegenüber organisierten und schnellen Angriffen. **Konsistenz über das gesamte Spiel:** Die Fähigkeit, die Leistung über die volle Spielzeit aufrechtzuerhalten und in entscheidenden Momenten zu bestehen, ist eine Herausforderung. **Abhängigkeit von Schlüsselspielern:** Die Abhängigkeit von den Leistungen einzelner Schlüsselspieler kann zu Problemen führen, wenn diese ausfallen oder ihre Form nicht finden. **Effektivität bei Standardsituationen:** Die Effektivität bei der Umsetzung und Verteidigung von Standardsituationen könnte verbessert werden, um in engen Matches Vorteile zu sichern.

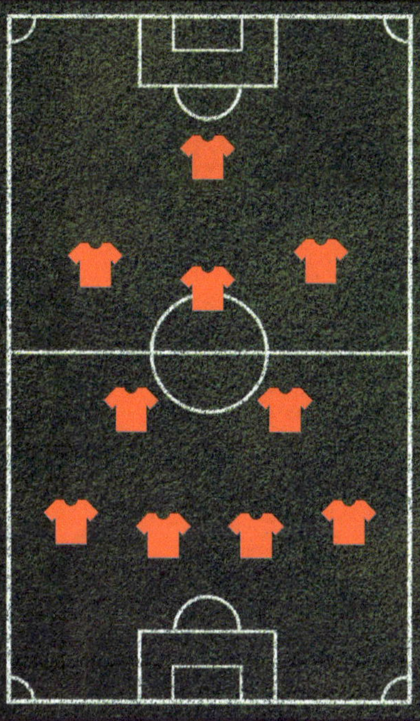

Spielstil:

Die türkische Nationalmannschaft ist bekannt für ihren leidenschaftlichen und dynamischen Fußball, der auf schnellen Gegenangriffen, solider physischer Präsenz und technischer Geschicklichkeit basiert. Ihr Spielstil zeichnet sich durch eine hohe Arbeitsrate und Kampfgeist aus, gepaart mit der Fähigkeit, das Tempo zu kontrollieren und bei Bedarf anzuziehen. Die Türkei bevorzugt es, aus einer festen defensiven Grundordnung heraus zu operieren, um dann mit schnellen Vorstößen über die Flügel und durch das Zentrum gefährliche Situationen zu kreieren.

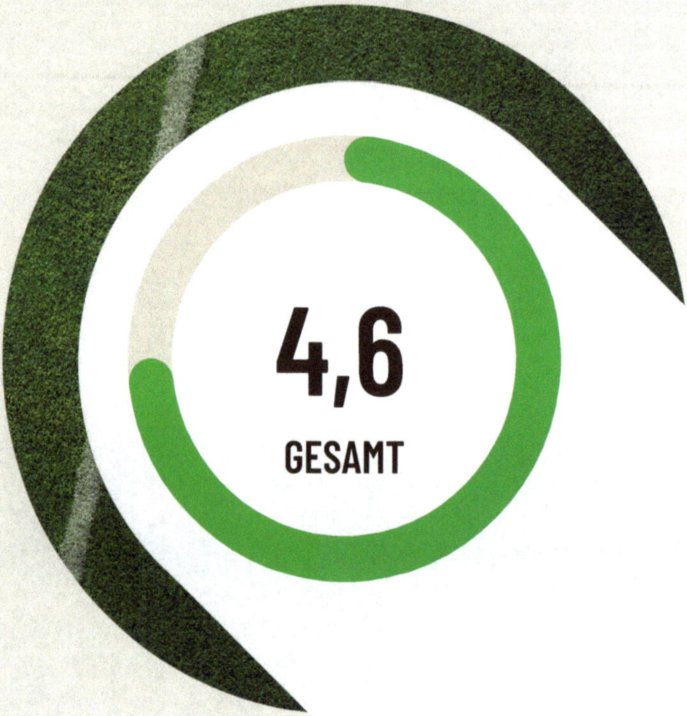

ANGRIFF

Die Türkei hat im Angriff talentierte Spieler, die sowohl in den heimischen als auch in europäischen Ligen für ihre Torgefährlichkeit bekannt sind. Sie können sowohl durch individuelle Brillanz als auch durch Teamarbeit Chancen kreieren und Tore erzielen, obwohl es ihnen manchmal an Konstanz fehlt.

MITTELFELD

Das Mittelfeld der Türkei ist technisch versiert und vielseitig. Mit ihren Fähigkeiten sind sie in der Lage, sowohl das Spiel zu kontrollieren als auch effektiv zum Angriff beizutragen. Die Spieler bringen eine gute Mischung aus Kreativität und Arbeitsrate mit, was das Mittelfeld zu einer Stärke des Teams macht.

ABWEHR

Die Defensive der Türkei zeigt Phasen von Solidität, hat aber gegen starke internationale Teams gelegentlich Schwächen offenbart. Die Abwehr kann von ihrer physischen Präsenz profitieren, muss jedoch an der Konsistenz und Kommunikation arbeiten, um auf höherem Niveau konkurrieren zu können.

Türkeis Fußballherz schlägt leidenschaftlich: Zwischen Angriffslust und dem Streben nach defensiver Festung

Die türkische Nationalmannschaft zeichnet sich durch ihre kämpferische Einstellung und technische Fähigkeiten aus, mit einer soliden Leistung im Angriff und im Mittelfeld, die das Fundament ihrer Spielstärke bilden. Während das Team in der Lage ist, mit Dynamik und Kreativität Offensivaktionen zu gestalten, liegt eine ihrer größten Herausforderungen in der Stabilisierung der Defensive, um die Effektivität gegen starke Gegner zu erhöhen. Insgesamt zeigt die Gesamtbewertung ein Team mit vielversprechenden Talenten und einem klaren Entwicklungspotenzial, das darauf abzielt, seine Präsenz auf der internationalen Bühne weiter zu festigen und in zukünftigen Wettbewerben als ernsthafter Konkurrent aufzutreten.

GEORGIEN

GRUPPE F

„Georgiens kühner Fußballweg: Ein Gleichgewichtsakt zwischen Tradition und neuem Elan."

Türkei	-	Georgien	Di. 18. Juni	18:00 Uhr
Georgien	-	Tschechien	Sa. 22. Juni	15:00 Uhr
Georgien	-	Portugal	Mi. 26. Juni	21:00 Uhr

Wichtige Spiele: Ein bemerkenswertes Spiel war der Sieg Georgiens gegen Griechenland im Elfmeterschießen während der Qualifikation für die Europameisterschaft 2024, was einer ihrer größten Siege in der jüngeren Vergangenheit ist.

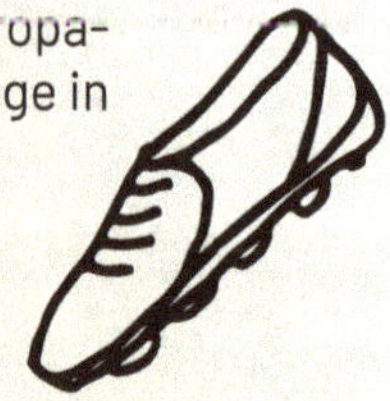

Bemerkenswerte Spieler: Zu den bekanntesten Spielern, die Georgien hervorgebracht hat, gehören neben Kobiashvili und Arveladze auch Kakha Kaladze, der lange Zeit für AC Milan spielte, und Georgi Kinkladze, der in den 1990er Jahren in der Premier League für Manchester City spielte.

Fun

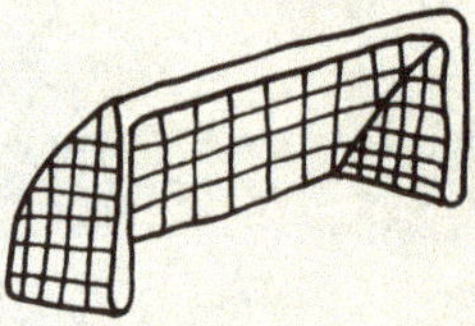

Erstes offizielles Länderspiel: Georgiens erstes offizielles FIFA-anerkanntes Länderspiel fand am 27. Mai 1990 gegen Litauen statt, das Spiel endete mit einem 2:2-Unentschieden.

27

Top-Torschütze: Schota Arweladse, der seine Karriere bei mehreren europäischen Clubs verbrachte, ist mit 27 Toren der führende Torschütze der georgischen Nationalmannschaft.

2006

Trainer: Georgien hat im Laufe der Jahre mehrere bemerkenswerte Trainer gehabt, darunter Klaus Toppmöller, der das Team von 2006 bis 2008 leitete.

Spitzname

„DSCHWAROSNEBI"

Facts

Unabhängigkeit und FIFA-Mitgliedschaft: Nach der Unabhängigkeit von der Sowjetunion wurde der Georgische Fußballverband 1990 gegründet und trat 1992 der FIFA bei.

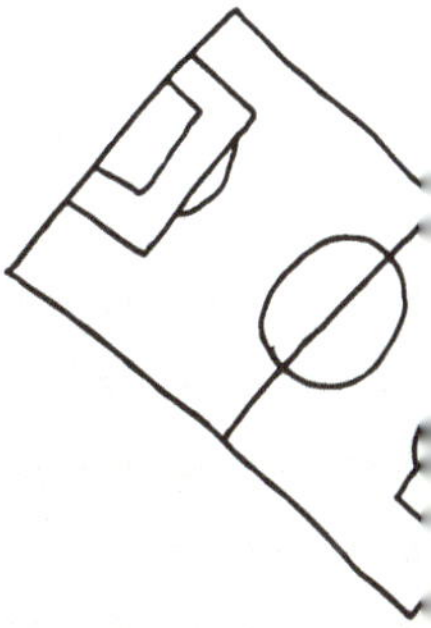

111

Rekordspieler: Guram Kashia, ist mit 111 Länderspielen Rekordnationalspieler Georgiens.

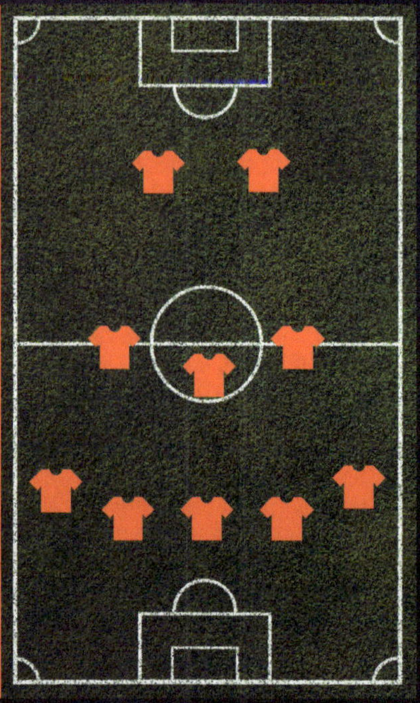

Stärken:

Teamgeist und Kampfbereitschaft: Einer der größten Vorteile Georgiens ist ihr starker Teamgeist und ihre Fähigkeit, als Einheit zu kämpfen. **Physische Präsenz:** Die körperliche Stärke vieler Spieler macht Georgien besonders bei Standardsituationen gefährlich. **Defensive Organisation:** Die Mannschaft legt großen Wert auf eine disziplinierte Defensive, was es Gegnern schwer macht, sie zu durchbrechen.

Spielstil:

Die georgische Nationalmannschaft zeichnet sich durch einen kampfbetonten und engagierten Spielstil aus, der auf körperliche Stärke und Teamgeist setzt. Ihr Ansatz kombiniert defensive Solidität mit dem Versuch, über schnelle Gegenangriffe zu Toren zu kommen. Georgien bevorzugt ein direktes Spiel, wobei lange Bälle und Flanken aus dem Mittelfeld oder von den Flügeln genutzt werden, um die Stürmer in Szene zu setzen. Das Team arbeitet hart, um den Raum eng zu machen und den Gegnern wenig Zeit am Ball zu lassen, wobei der Fokus auf einer organisierten Defensive liegt.

Schwächen:

Offensive Effektivität: Georgien kämpft damit, konstant in der Offensive zu überzeugen und genügend Torgelegenheiten zu kreieren. **Technische Finesse:** Obwohl physisch stark, mangelt es dem Team gelegentlich an technischer Verfeinerung und Kreativität im Spielaufbau. **Konstanz:** Die Mannschaft zeigt Schwankungen in ihrer Leistung, was zu inkonsistenten Ergebnissen führt. **Erfahrung auf höchstem Niveau:** Viele Spieler verfügen über begrenzte Erfahrung in den Top-Ligen Europas, was in Spielen gegen hochkarätige Gegner zum Nachteil werden kann.

Georgiens taktischer Marsch: Zwischen robuster Verteidigung und dem Streben nach kreativer Entfaltung

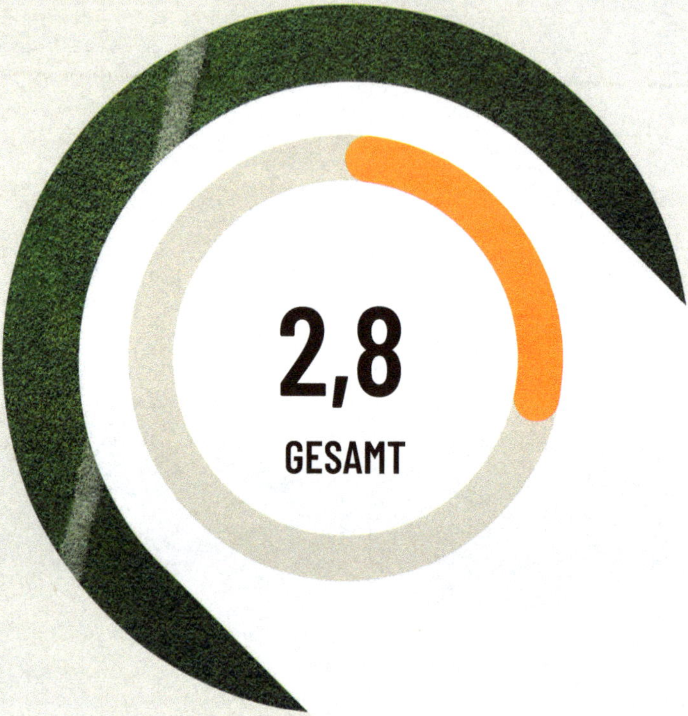

ANGRIFF

Georgiens Angriff hat in den letzten Jahren Potenzial gezeigt, mit Spielern, die fähig sind, Momente der Brillanz zu kreieren. Jedoch fehlt es an Konstanz und der Fähigkeit, gegen die stärkeren Verteidigungen in Europa durchzubrechen.

MITTELFELD

Das Mittelfeld der georgischen Mannschaft arbeitet hart und ist das Bindeglied zwischen Verteidigung und Angriff. Es mangelt jedoch an der kreativen Durchschlagskraft, die nötig ist, um Spiele zu dominieren und kontrollieren.

ABWEHR

Während die Abwehr zeitweise solide Leistungen zeigt, hat sie Schwierigkeiten, gegen technisch versiertere Teams zu bestehen. Die Verteidigung ist ein Bereich, in dem Georgien nach Verbesserung und größerer Konsistenz strebt.

Georgiens Fußballaufstieg: Zwischen Entwicklungsversprechen und der Jagd nach europäischer Anerkennung

Die georgische Nationalmannschaft steht symbolisch für ein Team im Wandel, das sich durch Entschlossenheit und Entwicklungspotenzial auszeichnet. Mit einem Angriff und Mittelfeld, die Momente der Inspiration bieten können, jedoch nach mehr Beständigkeit streben, und einer Abwehr, die als Schlüsselbereich für Verbesserungen identifiziert wurde, spiegelt die Gesamtbewertung eine Mannschaft wider, die auf dem Weg der Fortentwicklung ist. Diese Phase des Aufbaus und der Suche nach einer stärkeren Identität auf dem Spielfeld bietet die Chance, die Grundlagen für zukünftige Erfolge zu legen, wobei die Förderung junger Talente und die Stärkung der mannschaftlichen Geschlossenheit im Vordergrund stehen.

10

PORTUGAL

GRUPPE F

„Portugals Melodie auf dem Grün: Ein Orchester aus Talent, das zwischen den Noten der Leidenschaft und Präzision spielt.“

Portugal	-	Tschechien	Di. 18. Juni	21:00 Uhr
Türkei	-	Portugal	Sa. 22. Juni	18:00 Uhr
Georgien	-	Portugal	Mi. 26. Juni	21:00 Uhr

1

Europameister 2016: Portugal gewann seine erste große Trophäe bei der Europameisterschaft 2016 in Frankreich, nachdem sie Gastgeber Frankreich im Finale durch ein Tor von Éder in der Verlängerung besiegten.

1

Nations League Sieger 2019: Portugal gewann die erste Ausgabe der Nations League im Jahr 2019, was ihren zweiten großen internationalen Titel darstellt.

Fun

Portugal war Gastgeber der Europameisterschaft 2004 und erreichte das Finale, verlor jedoch überraschend gegen Griechenland. Dieses Turnier markierte den Aufstieg einer neuen Generation portugiesischer Talente.

Figo, Ballon d'Or Gewinner: Luís Figo gewann 2000 den Ballon d'Or, eine der höchsten individuellen Auszeichnungen im Fußball, als Anerkennung für seine Leistungen auf Klubebene mit Real Madrid und für die portugiesische Nationalmannschaft.

206

Rekordspieler: Cristiano Ronaldo ist nicht nur Portugals Rekordspieler mit den meisten Einsätzen (206), sondern bis April 2024 auch der Spieler mit den meisten Einsätzen in der Geschichte der Nationalmannschaften weltweit.

9

Legendäres WM-Turnier 1966: Bei der Weltmeisterschaft 1966 in England erzielte Eusébio, einer der größten Fußballer Portugals, neun Tore und wurde damit Torschützenkönig des Turniers. Seine Leistungen halfen Portugal, den dritten Platz zu erreichen, was lange Zeit Portugals bestes Ergebnis bei einer Weltmeisterschaft blieb.

Spitzname

„SELEÇÃO DAS QUINAS“

(DIE AUSWAHL DER QUINAS)

Facts

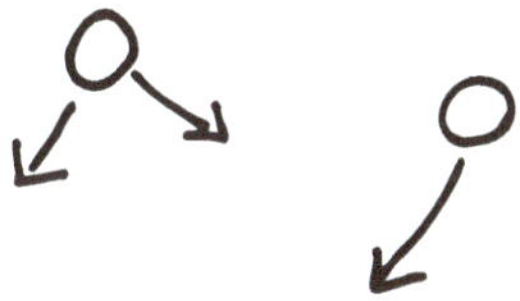

Legendäre Spieler: Neben Cristiano Ronaldo zählen Eusébio, Luís Figo und Rui Costa zu den legendärsten Spielern, die das Trikot der portugiesischen Nationalmannschaft getragen haben.

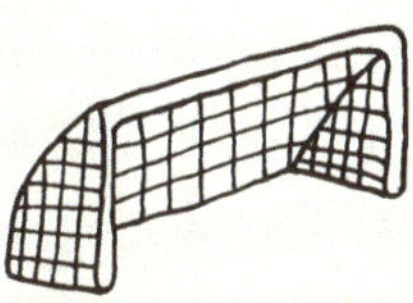

128

Top-Torschütze: Cristiano Ronaldo hält ebenfalls den Rekord für die meisten Tore (128) in der Geschichte der portugiesischen Nationalmannschaft und ist einer der führenden Torschützen auf internationaler Ebene.

Portugals Fußballkunst: Ein Tanz zwischen offensiver Magie und der Suche nach defensiver Harmonie

Stärken:

Technische Fähigkeiten: Ein herausragendes Merkmal des Teams sind die individuellen technischen Fähigkeiten der Spieler, die es Portugal ermöglichen, Spiele durch Momente der Brillanz zu entscheiden. **Offensive Vielfalt:** Mit talentierten Angreifern und kreativen Mittelfeldspielern verfügt Portugal über eine Vielzahl von Optionen, um in der Offensive gefährlich zu sein. **Erfahrung und Jugend:** Die Mischung aus erfahrenen Spielern und aufstrebenden Talenten sorgt für eine dynamische und vielseitige Mannschaft. **Taktische Anpassungsfähigkeit:** Der Trainer Fernando Santos ist bekannt für seine Fähigkeit, die Taktik effektiv an verschiedene Gegner anzupassen.

Schwächen:

Defensive Anfälligkeiten: Trotz einer allgemein soliden Verteidigung kann Portugal gegen Teams mit starker Offensivkraft anfällig sein, besonders bei schnellen Gegenangriffen. **Konsistenz:** Das Team zeigt manchmal Schwankungen in der Leistung, besonders in Spielen, in denen es als Favorit gilt. **Abhängigkeit von Schlüsselspielern:** Die Neigung, sich auf individuelle Leistungen von Schlüsselspielern zu verlassen, kann zu Problemen führen, wenn diese Spieler ausfallen oder ihre Form nicht finden. **Effizienz vor dem Tor:** In einigen Spielen hat Portugal Schwierigkeiten, ihre Überlegenheit in Tore umzumünzen, was gegen gleichwertige oder defensiv starke Teams zum Problem werden kann.

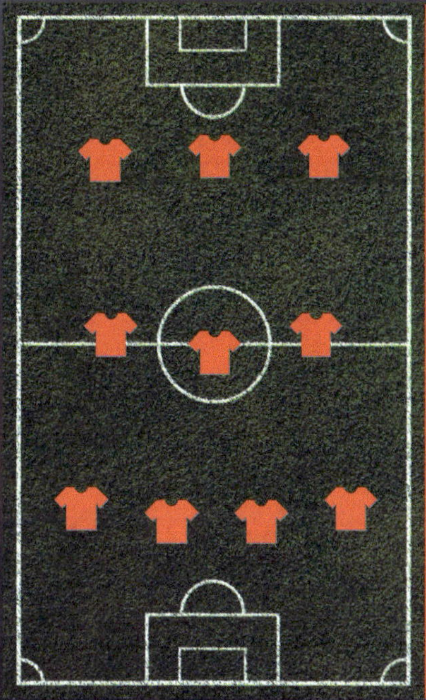

Spielstil:

Die portugiesische Nationalmannschaft zeichnet sich durch einen dynamischen und technisch versierten Spielstil aus, der stark auf Ballbesitz, schnelle Übergänge und Flügelspiel setzt. Portugal nutzt die technischen Fähigkeiten seiner Spieler, um den Gegner durch präzises Passspiel und geschickte Dribblings zu dominieren. Das Team bevorzugt ein offensives Spiel mit der Flexibilität, sich schnell von der Verteidigung auf den Angriff umzustellen, was es ihnen ermöglicht, sowohl aus kontrollierten Spielaufbauten als auch aus schnellen Kontern gefährlich zu werden.

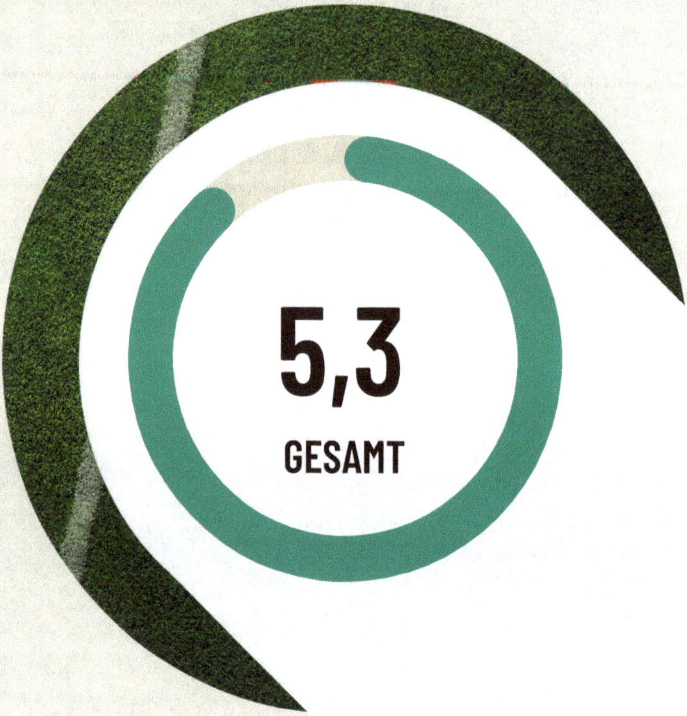

ANGRIFF

Portugal verfügt über einen hochtalentierten und vielseitigen Angriff, angeführt von einigen der besten Stürmer der Welt. Ihre Fähigkeit, aus unterschiedlichen Situationen Tore zu erzielen, gepaart mit ihrer Geschwindigkeit und technischen Fähigkeiten, macht ihren Angriff besonders gefährlich.

MITTELFELD

Das portugiesische Mittelfeld ist bekannt für seine Kreativität und Spielintelligenz. Mit einer guten Mischung aus erfahrenen Führungsspielern und aufstrebenden Talenten bietet das Mittelfeld Portugal die nötige Balance und Kontrolle über das Spiel, sowohl in der Offensive als auch in der Defensive.

ABWEHR

Die portugiesische Abwehr ist solide und erfahren, zeigt jedoch gelegentlich Schwächen gegen sehr aggressive und schnelle Angriffe. Trotzdem verfügt Portugal über qualitativ hochwertige Verteidiger, die international auf höchstem Niveau konkurrieren.

Portugals Fußballzauberei: Zwischen angriffslustiger Brillanz und der Kunst der Balance

Die portugiesische Nationalmannschaft präsentiert sich als eine beeindruckende Kraft im internationalen Fußball, geprägt durch einen gefährlichen Angriff, ein kreatives und kontrollierendes Mittelfeld sowie eine robuste, wenn auch gelegentlich anfällige Abwehr. Ihre Gesamtbewertung reflektiert ein Team, das dank seiner Mischung aus erfahrenen Weltklasse-Spielern und aufregenden neuen Talenten in der Lage ist, jedem Gegner bedeutende Schwierigkeiten zu bereiten. Portugal zeigt eine beeindruckende Balance zwischen offensiver Brillanz und taktischer Disziplin, wobei das Team stets das Potential hat, bei großen Turnieren weit zu kommen und um Titel zu kämpfen. Die Herausforderung bleibt, eine durchgehende Konsistenz, besonders in der Abwehr, sicherzustellen, um ihre Ambitionen auf der Weltbühne zu realisieren.

TSCHECHIEN

GRUPPE F

„Eine Symphonie aus taktischer Präzision und dem Flüstern vergangener Größe."

Portugal	-	Tschechien	Di. 18. Juni	21:00 Uhr
Georgien	-	Tschechien	Sa. 22. Juni	15:00 Uhr
Tschechien	-	Türkei	Mi. 26. Juni	21:00 Uhr

1

Europameisterschaft 1976: Als Teil der Tschechoslowakei gewann die Mannschaft die Europameisterschaft 1976, wobei Antonín Panenka im Finale gegen Deutschland mit seinem berühmten „Panenka-Elfmeter" Fußballgeschichte schrieb.

Europameisterschaft 2004: Die Tschechische Republik erreichte das Halbfinale der Europameisterschaft 2004, wobei das Team für seinen attraktiven Fußball und die starke Generation von Spielern wie Pavel Nedvěd, Karel Poborský und Milan Baroš bekannt war.

Fun

Beste Weltranglistenplatzierung: Die Tschechische Republik erreichte ihre beste Platzierung in der Weltrangliste im Jahr 1999, als sie auf den 2. Platz kletterten.

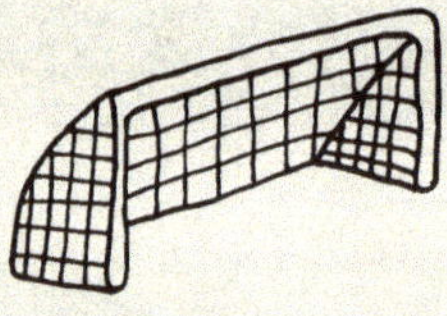

55

Top-Torschütze: Jan Koller, der beeindruckende Stürmer, ist der führende Torschütze des Teams mit einer beeindruckenden Anzahl an internationalen Toren.

Europameisterschaft 1996: Nach der Teilung der Tschechoslowakei erreichte die Tschechische Republik als eigenständige Nation das Finale der Europameisterschaft 1996 in England, wo sie erst im Finale gegen Deutschland unterlagen.

Spitzname

„REPREZENTACE"

Facts

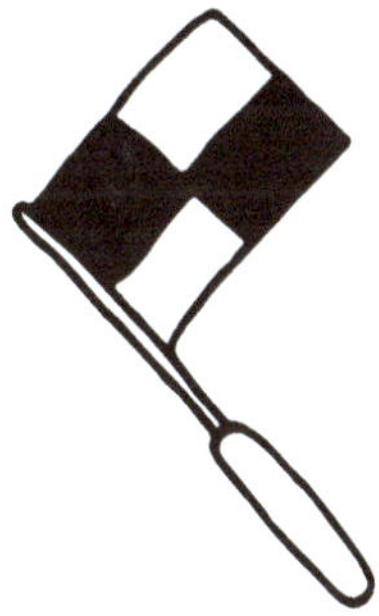

Neben Petr Čech und Jan Koller zählen auch Pavel Nedvěd, der 2003 den Ballon d'Or gewann, und Tomas Rosicky zu den legendärsten Spielern, die das tschechische Trikot getragen haben.

124

Rekordspieler: Petr Čech, einer der besten Torhüter seiner Generation, hält den Rekord für die meisten Einsätze in der tschechischen Nationalmannschaft.

Tschechiens Schachzug auf dem Spielfeld: Zwischen taktischer Meisterschaft und der Suche nach dem offensiven Schlüssel

Stärken:

Mittelfeldorganisation: Eine der größten Stärken der tschechischen Mannschaft ist ihr zentrales Mittelfeld, das sowohl die Defensive unterstützt als auch den Angriff antreibt. **Taktische Disziplin:** Die Spieler zeigen ein hohes Maß an taktischem Verständnis, was es ihnen ermöglicht, sich effektiv gegen verschiedene Spielstile zu behaupten. **Teamgeist:** Der Zusammenhalt und die Kampfbereitschaft innerhalb des Teams tragen dazu bei, auch gegen stärkere Gegner konkurrenzfähig zu sein. **Standardsituationen:** Die Tschechen sind bei Standardsituationen gefährlich und können diese oft zu ihrem Vorteil nutzen.

Schwächen:

Torgefahr: Es mangelt gelegentlich an Effizienz im Abschluss, was gegen Teams, die defensiv gut stehen, zum Problem werden kann. **Geschwindigkeit in der Defensive:** Die Verteidigungslinie kann gegen besonders schnelle oder agile Angreifer anfällig sein. **Kreativität unter Druck:** In Spielen, in denen die Tschechische Republik unter Druck gerät, kann es an kreativen Lösungen mangeln, um die Abwehr des Gegners zu überwinden. **Jugendentwicklung:** Während das Team solide Spieler in seinen Reihen hat, ist die kontinuierliche Entwicklung und Integration junger Talente in die Nationalmannschaft entscheidend für die zukünftige Wettbewerbsfähigkeit.

Spielstil:

Die tschechische Nationalmannschaft ist bekannt für ihren strukturierten und taktisch disziplinierten Spielstil, der eine solide Defensive mit einem organisierten Mittelfeld kombiniert. Sie bevorzugen ein kontrolliertes Spiel, das auf Ballbesitz basiert, mit dem Ziel, durch präzises Passspiel und gezielte Angriffe den Gegner zu durchbrechen. Die Tschechen setzen auf Kombinationsspiel und die Kreativität ihrer Mittelfeldspieler, um Chancen zu kreieren, wobei sie auch auf schnelle Flügelangriffe und die physische Präsenz ihrer Stürmer bauen.

ANGRIFF	MITTELFELD	ABWEHR

ANGRIFF

Der Angriff der Tschechischen Republik hat seine Momente der Brillanz, zeigt jedoch eine gewisse Inkonsistenz im Abschluss gegen stärker verteidigende Teams. Es liegt an den Top-Torjägern im Team auch ihr Leistungsniveau abzurufen.

MITTELFELD

Das Mittelfeld ist traditionell eine Stärke der tschechischen Mannschaft, gekennzeichnet durch gute Technik und Spielverständnis. Sie sind in der Lage, das Spiel zu kontrollieren und sowohl die Defensive zu unterstützen als auch den Angriff effektiv zu gestalten.

ABWEHR

Die Verteidigung ist solide, kann aber unter Druck von schnellen oder physisch starken Angreifern Schwächen zeigen. Es gibt Raum für Verbesserungen in der Organisation und Kommunikation in der Abwehrreihe.

Tschechiens taktisches Ensemble: Auf dem Weg zur Synthese aus Tradition und Talent

Die tschechische Nationalmannschaft zeigt sich als ein Team mit solider Grundlage und Potential für weiteres Wachstum. Mit einem fähigen Angriff, einem vielseitigen und kreativen Mittelfeld sowie einer stabilen, wenn auch ausbaufähigen Verteidigung, reflektiert ihre Gesamtbewertung eine Mannschaft, die im europäischen Fußball wettbewerbsfähig bleibt. Die Herausforderung liegt darin, diese einzelnen Elemente zu einer kohäsiven Einheit zu verschmelzen, die Konstanz in ihren Leistungen zeigt und die Fähigkeit besitzt, in entscheidenden Momenten den Unterschied zu machen. Ihre historische Fähigkeit, Talente zu entwickeln und taktische Disziplin zu wahren, verspricht eine hoffnungsvolle Zukunft.

DER SPIELPLAN

Das große Fußball-Menü ist serviert – von Vorspeisen mit Überraschungen bis zum Dessert der Dramen!

Spieltag 1

Freitag, 14. Juni

Deutschland	-	Schottland	21:00 Uhr

Samstag, 15. Juni

Ungarn	-	Schweiz	15:00 Uhr
Spanien	-	Kroatien	18:00 Uhr
Italien	-	Albanien	21:00 Uhr

Sonntag, 16. Juni

Polen	-	Niederlande	15:00 Uhr
Slowenien	-	Dänemark	18:00 Uhr
Serbien	-	England	21:00 Uhr

Montag, 17. Juni

Rumänien	-	Ukraine	15:00 Uhr
Belgien	-	Slowakei	18:00 Uhr
Österreich	-	Frankreich	21:00 Uhr

Dienstag, 18. Juni

Türkei	-	Georgien	18:00 Uhr
Portugal	-	Tschechien	21:00 Uhr

Spieltag 2

Mittwoch, 19. Juni

Kroatien	-	Albanien	15:00 Uhr
Deutschland	-	Ungarn	18:00 Uhr
Schottland	-	Schweiz	21:00 Uhr

Donnerstag, 20. Juni

Slowenien	-	Serbien	15:00 Uhr
Dänemark	-	England	18:00 Uhr
Spanien	-	Italien	21:00 Uhr

Freitag, 21. Juni

Slowakei	-	Ukraine	15:00 Uhr
Polen	-	Österreich	18:00 Uhr
Niederlande	-	Frankreich	21:00 Uhr

Samstag, 22. Juni

Georgien	-	Tschechien	15:00 Uhr
Türkei	-	Portugal	18:00 Uhr
Belgien	-	Rumänien	21:00 Uhr

Spieltag 3

Sonntag, 23. Juni

Schweiz	-	Deutschland	21:00 Uhr
Schottland	-	Ungarn	21:00 Uhr

Montag, 24. Juni

Albanien	-	Spanien	21:00 Uhr
Kroatien	-	Italien	21:00 Uhr

Dienstag, 25. Juni

Frankreich	-	Polen	18:00 Uhr
Niederlande	-	Österreich	18:00 Uhr
Dänemark	-	Serbien	21:00 Uhr
England	-	Slowenien	21:00 Uhr

Mittwoch, 26. Juni

Slowakei	-	Rumänien	18:00 Uhr
Ukraine	-	Belgien	18:00 Uhr
Georgien	-	Portugal	21:00 Uhr
Tschechien	-	Türkei	21:00 Uhr

Achtelfinale

Samstag, 29. Juni - 21:00
1. Gruppe A
2. Gruppe C

Sonntag, 30. Juni - 21:00
1. Gruppe B
3. Gruppe A/D/E/F

Montag, 1. Juli - 18:00
2. Gruppe D
2. Gruppe E

Montag, 1. Juli - 21:00
1. Gruppe F
3. Gruppe A/B/C

Dienstag, 2. Juli - 18:00
1. Gruppe E
3. Gruppe A/B/C/D

Dienstag, 2. Juli - 21:00
1. Gruppe D
2. Gruppe F

Samstag, 29. Juni - 18:00
2. Gruppe A
2. Gruppe B

Sonntag, 30. Juni - 18:00
1. Gruppe C
3. Gruppe D/E/F

Viertelfinal

Freitag, 5. Juli - 18:00

Freitag, 5. Juli - 21:00

Samstag, 6. Juli - 21:00

Samstag, 6. Juli - 18:00

DER WEG INS FINALE

Halbfinale

Dienstag, 9. Juli - 21:00

Mittwoch, 10. Juli - 21:00

Finale

Sonntag, 14. Juli - 21:00

Plummer Publishing

Printed in Poland
by Amazon Fulfillment
Poland Sp. z o.o., Wrocław

34837128R00121